1年で **100万円** 貯められる

ゆる貯め家計

もくじ

第1章 お金のきほんを知ろう

お金が貯まらない人には共通点がある 18

お金が貯まらないのは心の問題!? 20

コラム お金は誰でも貯められる！ 5つのステップで改善 22

コラム お金が貯まる5つの力 24

コラム あなたが貯まらない理由を診断 26

買い物のクセを直せば貯金が増える！ 34

買い物上手の呪文でムダ買いがなくなる 36

コラム お金が貯まるのはどっち？ 38

教えて！横山先生① "貯められない"体質を変えるには？ 40

第2章
ゆる家計にチャレンジ

簡単だけど効果あり！　ゆる家計簿をつけよう 48

コラム　家計簿の上手なつけ方 50

家計簿の振り返りでムダを改善 52

変動費の見直しで家計がラクになる 68

固定費を見直してムダ支出を大幅カット！ 64

家族が幸せになる　ゆる家計 62

コラム　1ヵ月の予算を立ててみよう！ 72

失敗しない家計の仕組み　週分け管理法 74

コラム　予算オーバーしない、賢い買い物術 76

ゆる家事でお金が貯まる 78

コラム　ラクして得する料理アイデア 80

部屋を片づけるとお金が貯まるワケ 82

第3章
ゆる貯金をはじめよう

- 先取り貯金でスムーズに貯まる 92
- ラク〜に貯まる 賢い口座の使い方 94
- 夫婦で家計を管理すれば貯まる！ 98
- 目標を立てて貯め力をアップ 106
- 年間の出費予定を立てて予算オーバーを防ぐ 108
- コラム 1年の特別支出予定は？ 110
- コラム 低金利のオトクな貯め方&買い方 112
- 教えて！横山先生❷ 貯金を続けるコツは？ 114

第4章
人生のお金を貯めよう

もしもの時は貯金と保険で準備 120

コラム こんな時にはこの保険 122

ライフステージで必要な保険が変わる 124

人生の設計図・ライフプランを立てよう 130

ライフプランの書き方のポイント 132

コラム 人生に必要なお金
① 結婚・仕事など 136
② 子どもの教育 138
③ 住宅購入 140
④ 入院や老後など 142

コラム 助けてくれるお金 144

コラム 人生の貯めどきを活用する 146

コラム 目的別・賢い貯め方 148

コラム 復職で収入アップを目指そう！ 150

コラム 家族で楽しくやりくり 152

かなこ (33)
マイペースな専業主婦。おおらかだが飽きっぽく、めんどくさがり屋。家計簿の挫折は数知れず…。

祐介 (36)
かなこの夫。のんびりした性格のサラリーマンで、お金の管理は苦手。バイクをいじるのが好き。

りく (2)
かなこの息子。祐介に似てのんびり屋で、本とお菓子が好き。福にゃんとよくじゃれあっている。

美幸 (28)
かなこの妹の独身OL。かなこの近所で、オシャレな1人暮らしを満喫中。無類の猫好き。

福にゃん
お金を大事にする家に、福を運ぶ神様。お金の使い方や上手な貯め方を教えてくれる。気ままな性格で、たまに野生の本能がうずく。

第1章
お金のきほんを知ろう

お金が貯まらない人には共通点がある

頑張っているのにお金が貯まらないのはなぜ？

特に浪費はしていない。ごちそうばかり食べているわけでもないし、ブランド品を買っているわけでもない。むしろ、チラシを見て特売品を買ったり、ポイントが貯まるから食費も日用品費もカードで払うなど、日々、節約や工夫をしているのに…いつも給料日前はピンチ！

このように「頑張っているのにお金が貯まらない」と悩んでいる人は、たくさんいます。そして、色々なやりくり術を試してみるのですが、いまいちうまくいかずに挫折しがちです。

しかし、それにはちゃんとした理由があるのです。

自分のお金の使い方を見てみよう

お金が貯まらない理由の1つは、あなたのお金の使い方にあるかもしれません。例えば「セール」の文字につられて、予定外の買い物をしてしまう。日用品のストックがわからず、ダブり買いをしてしまうなど、ちょっとした行動の積み重ねがムダづかいを増やし、「いつの間にかお金がない」状況を生み出しているのかもしれません。また、これまでの挫折経験から「私は貯められないんだ」と思い込んでいると、ますますお金を貯められなくなってしまうことも。

左ページを参考に、自分のお金の使い方を振り返ってみましょう。

お金のきほん

あなたは貯まらない人？

お金が貯まらない人には、共通するお金の使い方や生活習慣があります。
自分に当てはまるものがないか、チェックしてみましょう。

お金が貯まらない人の特徴

- 財布にいくら入っているかがすぐに言えない
- 人からの誘いを断れず、つい行ってしまう
- みんなが持っているものが欲しくなる
- 安いものが大好き
- ストレスがたまると、つい買い物をしてしまう
- 家計簿をつけたことがない
- 貯金や保険の満期がいつかわからない
- 片づけが苦手だ
- 「お金を使うのが下手」「私は貯められない」と思っている

その結果…

- いつの間にかお金がなくなってる
- ムダ買いが多い
- 節約しすぎてストレスがたまる
- お金のことがいつも不安

お金が貯まらないのは心の問題!?

イライラや不安が原因でお金を使ってしまう

お金が貯まらない原因は、あなたの心にもあるかもしれません。お金と心は一見関係なさそうですが、実は密接に関わっているのです。「ストレスがたまると、つい衝動買いをしてしまう」「みんなと同じものを持っておくべき"という不安から、特に欲しくないものまで買ってしまう」などの心のモヤモヤが、ムダづかいを生み出しているかもしれません。

貯め上手は楽しんでお金を使う

一方、お金を上手に貯めている人は、買い物ややりくりにストレスを感じていません。お金を使うことを楽しみ、自分が欲しいものを買って満足しています。その結果、ムダづかいも減ってお金が貯まるようになっているのです。

そうなるためには、どうすればいいのでしょうか? おすすめの方法は「高い・安い」ではなく「好き・嫌い」を基準にして買い物をすることです。好きなものを買うと満足度が上がり、大切に使うとものも長持ちします。すると、ものをたくさん買わなくても、充実した暮らしを送れるようになるのです。

このように、お金と心の状態は深く関連しています。貯める前に、ごちゃごちゃになった心を整理し、貯め力アップにつなげましょう。

ネガティブな心が「貯め力」を下げる

お金を貯めようと頑張るのはいいことですが、やりすぎると「貯め力」が低下してしまいます。自分に無理をさせていないか注意しましょう。

ずっと我慢してるしいいよね…

ストレスがたまると衝動買いをしがち

買いたいものを我慢していると、集中力や判断力が低下します。その結果、衝動買いや過食などをしやすくなり、ムダづかいに。

安物で我慢すると銭失いするハメに

欲しいものがあるのに「安いから」と他のもので代用すると、満足感が得られません。雑に使って、結局ムダにしてしまうことも。

100円の猫じゃらしはすぐ壊れるニャ

買い直すことでムダが発生してしまいます

あれもこれも買わなきゃ…
みんな持ってるわよ
プールくらい通わせなきゃ
ネイルするのが普通よ

「なんとなく不安」が消費を加速させる

「流行りものは買わなきゃ」「これくらい持っているのが普通」といった不安や思い込みが、「あれもこれも欲しい」状態を生みます。

お金は誰でも貯められる！5つのステップで改善

無理や我慢をしなくてもお金は貯められる

これまで見てきたように、「お金が貯まらない理由」には様々な原因があります。しかし、お金は誰にでも貯められるもの。貯金に、特別な能力やセンスなどは必要ないのです。

貯め上手・貯め下手な人の違いは、「自分の暮らしにマッチしたお金の使い方・お金が貯まる仕組み」を持っているかどうかなのです。

とはいえ、これまで数々の節約や貯金法に挫折してきた人にとって、貯まるルールや仕組みを考えるのは難しいもの。そこで本書では、楽しみながらやりくり上手になれるプログラムを用意しました。1日→1ヵ月→1年というふうに段階を踏んでやりくり力をつけていくものになっています。本書を読み進めながら、ぜひ挑戦してみてください。

お金が貯まる5つの力を手に入れよう

このプログラムに欠かせないのが「5つの力」（→P24〜）です。5つの力とは、

・ぶれない力
・せいとんする力
・組み立てる力
・工夫する力
・つづける力

これらを身につければ、一生お金に困ることはありません。

貯め下手改善プログラム

今まで貯金ができなかった人も、5つのステップを順に行えば、無理なくお金が貯められるようになります。

Step1 お金の使い方を見直す
・お金を正しく使ってみよう！（→ P35）
・買い物上手の呪文（→ P36 ～）

Step2 ゆる家計簿にチャレンジ
・レシートを集め、店名と金額を書く（→ P48 ～）

Step3 家計簿の振り返り
・買い物グセをチェックする（→ P53）
・支出を3つに分ける（→ P54 ～）
・固定費＆変動費の見直し（→ P64 ～）
・1ヵ月の予算を立てる（→ P72 ～）

Step4 貯金にチャレンジ
・先取り貯金を始める（→ P92 ～）
・貯められる口座づくり（→ P94 ～）

このステップで貯め力アップニャ！

Step5 プランを立てる
・1年間の予定を立てる（→ P108 ～）
・ライフプランを立てる（→ P130 ～）

お金が貯まる5つの力

5つの力を使えば、豊かな生活をしながらしっかり貯められます。本書のプログラムを通じてこれらを身につけ、一生モノの財産にしましょう。

周囲に流されない、自分らしい暮らしで満足度もアップ！

大事にしたいのはこっち！

自分軸をしっかり持つ

ぶれない力

「暮らしや人生で何を大切にしていきたいか」がわかっていれば、何にお金を使うといいかがハッキリし、ムダな出費がなくなります。

お金の流れを把握する

せいとんする力

自分の収入・支出がいくらかを把握し、お金の流れが見えると、ムダな部分をカットすることができます。

「使いすぎかも」というなんとなくの感覚で節約に走ると、ストレスがたまって失敗しがち。簡単でもいいので家計簿をつけ、お金を数字で把握することが大切です。

早く計画すれば時間をかけて貯められます

お金の使い方・貯め方を決める
組み立てる力
「いつまでにいくら必要か」といったお金の優先順位が見えると、日々のお金の使い方も変わり、上手に貯められるようになります。

情報やアイデアで得する
工夫する力
「足りないものはあるものでカバー」「新しい料金プランに変更」など、適応力や情報収集力を磨けば、ムダな出費が減らせます。

新しい料金プランなどこまめにチェック！

ストレスなくお金と付き合う
つづける力
お金は一生付き合っていくもの。無理なくできるやりくりや貯金法を見つけ、続けられる仕組みをつくれば、挫折することもなくなります。

効果のある貯金法も、続けられなければ意味はありません。「これならできそう」というレベルから始め、少しずつステップアップしていきましょう。

あなたが貯まらない理由を診断

以下の質問に直感で答え、あなたの貯め力をチェックしましょう。

A
- ☐ 人からお茶に誘われると、断れない方だ
- ☐ 贅沢はしなくていいが、周りと同じ生活レベルは保ちたい
- ☐ みんなが持っているものや流行っているものは、つい欲しくなる
- ☐ ポイントカードをすすめられると、ついつくってしまう

B
- ☐ 水道光熱費や通信費が、毎月いくらかかっているかわからない
- ☐ 計算が苦手で、お金について考えるのも苦手
- ☐ 家計簿をつけたことがない
- ☐ 同じような靴や服がたくさんある

C
- ☐ 急な出費のせいで、貯めていた貯蓄を崩したことがある
- ☐ 特売やクーポンを使った「オトクな買い物」が好き
- ☐ 自動車税や固定資産税の支払いに毎年あたふたする
- ☐ ライフプランを立てたことがない

D
- ☐ 雑誌の節約術をやってみようとは思うが、試したことはない
- ☐ 家の中に何が収納されているかわからないエリアがある
- ☐ おかずは、自炊より買った惣菜の方が多い
- ☐ 旅行はセットプランやツアーを利用することが多い

E
- ☐ 貯金のために、欲しいものを我慢するのは当然だ
- ☐ 家計簿はきっちりつけないと気が済まない
- ☐ 家族のムダづかいが気になってしかたない
- ☐ 物事が計画通りにいかないとイライラする

該当数が最多だったものが、あなたのタイプ。該当数が同じ場合は、両方を参照しましょう。

A	B	C	D	E
個	個	個	個	個

> 診断結果

お金が貯まる5つの力のうち、どの力が足りないかを知り、対策を考えましょう。

Aタイプ "ぶれない力"が足りなくて、気づくとお金がない！

自分軸がなく、周囲に流されてお金を使ってしまいがち。買う前に、本当に必要かどうかを考えるクセをつけましょう。

Bタイプ "せいとんする力"がなく、お金の管理ができない

お金を管理したり、家計簿をつけるのが苦手。ゆる家計簿（→P48～）や週分け管理（→P74～）などを取り入れ、やりくりをシンプル化して。

Cタイプ "組み立てる力"がなく、臨時出費で貯蓄が崩れる

先のことを考えるのが苦手で、衝動的な買い物や急な出費でせっかくの貯金が崩れがちに。出費の優先順位を決めると、安定して貯められます。

Dタイプ "工夫する力"がなく、節約のチャンスを逃している

得する情報が入っても「面倒だから今まで通りでいいや」で損するタイプ。まずは、契約当初のままの通信費や光熱費などの見直しを。

Eタイプ "つづける力"不足で、プレッシャーに負けて挫折

「○○しなければ」とプレッシャーをかけすぎたり、やりくりを完璧にやろうとして失敗しがち。ハードルを下げ、続けることを大事にしましょう。

買い物のクセを直せば貯金が増える！

`ぶれない力` `組み立てる力`

お金の使い方を見直すことが貯め上手の第一歩

「お金を貯めよう！」と思うと、貯めることに意識が向きがちですが、その前に、自分のお金の使い方を見直してみましょう。普段なんとなくしている買い物に、実はムダな支出＝貯められない原因があるかもしれません。

次のような行動をしている人は注意しましょう。

・ほぼ毎日コンビニに行っている
→予定外の買い物が増える

・得なのでまとめ買いを心がけている
→ストックがたくさんあると、つい使いすぎてしまって消費のペースが上がり、すぐ買い足すことに

・冷蔵庫の中を確認せずにスーパーへ行くことが多い
→ダブリ買いをしてしまう

・ネットショップでは送料無料になるまで買う
→目的外のものまで買うことになる

こうした小さなムダ買いも、合計すると大きな金額になるはずです。正しいお金の使い方をもとに、じっくり考えてから買うクセをつけましょう。そうすることでムダづかいが減り、「いつの間にかお金がない！」状態がなくなります。

お金を正しく使ってみよう！

じっくり考えてから買い物をする習慣を身につけると、予算内でいいものを選ぶ力がつきます。満足感も高まり、やりくりが楽しくなる効果も。

1. 予算を立てる

欲しいものにいくらまでお金を出せるか、明確にしましょう。

2. 何を買うかを決める

色々と候補を出し、どれを買うとベストかを考えましょう。

> **考える時のポイント**
> - 一番欲しいのはどれ？
> - 買ったらどんなメリットがある？
> - 一番満足しそうなのは？　など

3. 買う

実際に買ってみて、どんな気持ちになるかを確認しましょう。

嬉しい気持ちになるかどうかで、その買い物が有意義だったかがわかります。

買い物上手の呪文でムダ買いがなくなる

ぶれない力　組み立てる力

買い物上手の呪文でムダ買いをなくす

考えてから買うクセをつけるため、買う前に、自分にこんな質問をしてみましょう。

・これ必要？（ないと困る？）
・いつ使う？　どのくらい使う？
・いつまで使える？
・予算内で買える？
・似ているものを持ってない？
・使い道がいくつある？
・買うと喜ぶ人がいる？

買う前にこれらを唱えると、心が落ち着き、本当に買うべきかどうかを冷静に考えることができます。その結果、ムダな買い物＆支出を減らせるようになります。買うと決める前に自分に問いかけるクセをつけましょう。

買い物のMYルールをつくろう

買い物上手になるには、自分の暮らしや価値観に合わせた買い物ルールを持つことも大切。一度ルールを決めてしまえば、それをもとに買い物ができ、迷いやストレスも減ります。ポイントは一気にあれこれルール化しないこと。ルールが多すぎるとストレスがたまり、続けられなくなります。できそうなものから試し、効果があるものを組み合わせ、自分に合うルールをつくっていきましょう。

買い物のMYルールをつくろう

あらかじめルールをつくっておくと、衝動買いや予定外の出費が減り、お金が自然に貯まります。以下を参考に、MYルールをつくってみましょう。

補充のルールを決めると管理もしやすくなります

必要な時に必要な分だけを買う

特売だから買うのではなく、多少割高でも、今必要な分だけを買うようにすると、ダブり買いが減らせます。

欲しいものはすぐ買わずメモを取って後日決める

欲しいと思ってもすぐには買わず、メモを取って保留にします。時間をおくことで、本当に必要かがわかり、衝動買いが防げます。

計画的に買えるようになります

「期間限定」にも注意！

購買欲を高めるNGワードに気をつける

「いつか使うかも」「あれば便利」「せっかくここまで来たし」「限定品」など、ムダ買いを正当化するNGワードに注意しましょう。

お金が貯まるのはどっち？

次のようなケースで、あなたはⒶとⒷのどちらの考え方をしますか？ お金に対する考え方で、あなたが貯め上手かどうかがわかります。

ケース1「定額制動画配信が月額1000円に値下げ!!」

Ⓐ 月1000円なら出せる！

Ⓑ 1年で1万2000円になるのか…

貯まるのはⒷ
支出は短期でなく長期で考える

月々は少額でも、年単位で計算すると、かなりの金額になります。長期でいくらかかるかを計算した上で、本当に必要かどうかを考えましょう。

> 毎日150円のジュースを買うと、1週間で1050円、1ヵ月で4500円、1年で5万4750円に！ 小さな出費も積もれば大金に。本当に必要か考えましょう。

ケース2「2万円の服がバーゲンで6000円になっていた」

Ⓐ 何回くらい着るかを考え、1回あたりいくらになるか計算する

Ⓑ 安いから買おう！

貯まるのはⒶ
金額でなく回数で考える

買う前に使う回数を考え、1回いくらになるかを計算してみましょう。その上で安いか高いかを考えると、ムダ買いを防げます。

2回くらいしか着ないかも…

6000円÷2回＝3000円

1000円の服でも、着るたびにクリーニングに出さないといけないものなら、結局高くつくことに。ものを買う時は、アフターケア代なども考えて判断しましょう。

Point!

スマホで計算してみるニャ〜

どんなことも
かけ算と割り算で考える

1年でいくらになるか「かけ算」ができる人、1回あたりいくらか「割り算」ができる人になると、ムダな買い物をしなくなります。

教えて！横山先生①

Q 私、まったくもって貯められないんですが…

A

まずは「小さな目標」から始めましょう

　貯められない人は「貯められない自信」があるんです。どんなにお金のことを勉強したり、家計簿をつけてみようとしても「私には貯められないかも」と思っていると、貯金へのモチベーションも上がらず、なかなかうまくいかないんですね。こういう人は、小さくてもいいから成功体験を積んでいくのが大切。まずは「赤字にしない」を目標に、家計管理にチャレンジしましょう。それが成功したら次は「3ヵ月で5万円貯める」など、自分にできる範囲で少しずつレベルアップしていきます。目標というと「100万円貯める」など、大きなものを設定しがちですが、これまで赤字だった人が3ヵ月で5万円貯められたら、それだけでもすごいこと。そういう、小さな目標→達成をくり返していくことで「私にも貯められる」という自信をつけていきましょう。

第2章
ゆる家計にチャレンジ

簡単だけど効果あり！ゆる家計簿をつけよう

`せいとんする力` `つづける力`

細かいことは気にしない これが家計簿を続ける秘訣

家計簿をつけ始めると、「付き合いで飲みに行ったお金は食費？　交際費？」など、費目選びに迷ったり、「計算したら23円合わない」など、収支が合わないことが起きます。こうしたことが原因で家計簿をつけるのをやめてしまったという人も多いでしょう。

しかし、家計簿はきっちりつけなくてもいいのです。家計簿の目的は「お金の流れ（何にいくら使っているか）を把握すること」で、完璧な記録を残すことではないからです。メモ程度でもいいので、使ったお金を書き出すようにすれば、「毎月の食費がいくらかわからない」「通信費はこのぐらいかな」といった、あやふやな状態から抜け出し、お金の流れが見えてきます。細かいことは気にせず、とにかく続けることを大事にしましょう。

レシートをためて ゆる家計簿に挑戦！

本書でおすすめしているのが、左ページの「ゆる家計簿」。レシートをため、店名やカテゴリー（食材・服・映画など）と金額だけを記録します。「費目分けしない」「100円単位で書く」ことで無理なく続けられるのがポイントです。月の収支も5000円くらいの誤差はOK。ハードルを下げ、まずは1カ月続けることを目標につけてみましょう。

ゆる家計簿のつけ方

家計簿をつけたことがない人や1年続いたことがない人でも簡単にできるのが「ゆる家計簿」。3ステップのシンプルさが長続きするポイントです。

Step1　レシートをためる

・買い物をしたら必ずレシートをもらう
・自販機や割り勘など、レシートのないものは手帳などにメモする

Step2　家計簿に記録する

・費目分けはせず、店名やカテゴリーと金額を家計簿に書く

9/1(月)	9/2(火)	9/3(水)	9/4(木)
スーパー 3000円	美容院 8000円	スーパー 2000円	コスメ 2200円
	おやつ 600円	コンビニ 500円	
	本 800円		

100円単位でOKニャ！

余裕があれば買った日に記録し、一言メモ（→P51）も書きましょう。忙しい人は週末にまとめて記入でもOK。無理なく続けられる方を選んで。

Step3　つけた家計簿を振り返る（→P52～）

家計簿の上手なつけ方

家計簿はやりくり＆貯め上手になるための強い味方。つけ方を工夫することで習慣化し、家計簿のメリットをいかしましょう。

手で書くと買い物グセに気づきやすくなる

店名や金額を手で書くと「またコンビニに行っている」「お菓子を買いすぎ」など、自分の買い物グセに気づきやすくなります。

手で書くのは手間がかかるため、「頻繁に書きたくない」「ムダづかいは記録したくない」という気持ちに。すると自然に買い物をセーブするようになり、ムダ買いが減ります。

アプリやエクセルでサクサク集計

レシートを撮影するだけで金額などを記録できる家計簿アプリや、面倒な計算を自動でしてくれるエクセル家計簿だと、集計がラク。

アプリならどこでも記録できて便利

パソコンを使うのは便利な反面、「家計簿をつけるために立ち上げるのが面倒」になることも。メールチェックのついでにつけるなど、うまく習慣づけましょう。

振り返りに役立つ、一言メモにトライ！

記録することに慣れてきたら、一言メモをつけるようにしましょう。振り返り（→ P52 〜）にも役立ち、家計簿を続けるモチベーションも上がります。

買い物に対するメモ

「来客用のお菓子を買った」「衝動買いしちゃった」など、買い物の内容や気持ちを書いておくと、「消・浪・投分け」（→ P54 〜）に役立ちます。

今日の気分のメモ

「旅行したい」「今日はちょっとお疲れ」など、今日の気分を書くのも OK。家計簿が話を聞いてくれる友達のような存在になり、書く意欲が上がります。

「日用品 2000 円」だけの記録だと「高い」と思ってしまいますが、「鍋が壊れたので買い直した」などのメモがあれば、内容がすぐに思い出せて振り返りやすくなります。

Point!

「得」が多ければ面倒でも続く！

人は「損・得」で動くもの。家計簿をつけるのが面倒という「損」より、家計簿でお金が貯まるという「得」が勝れば続きます。

家計簿のメリットは「ムダがわかる」こと。するとお金が貯まり、好きなものが買えるように！ 振り返り（→ P52 〜）で、家計簿の「得」を実感しましょう。

家計簿の振り返りでムダを改善

`ぶれない力` `せいとんする力`

家計簿は振り返ってこそ意味がある

家計簿を1カ月つけたら、「振り返り」をしてみましょう。買い物の金額を記入しただけだと、家計簿はただの記録で終わってしまい、何の役にも立ちません。月に一度、お金の使い方を振り返ることで、毎日のお金の使い方やムダづかいの傾向が見えてきます。そこから自分の買い物グセに気づき、翌月のやりくりで改善していけば、お金の使い方がどんどんうまくなります。

支出を「消・浪・投」に分ける

家計簿を振り返る時にチェックしたいのは、「何をいくらで買ったか」ではなく「なぜ買ったのか」「本当に必要だったのか」ということです。

それを知るために、支出を「消費・浪費・投資」に分けてみましょう（→P54〜）。ここでのポイントは「買ったその日ではなく、時間をおいてから分ける」こと。

買った時は嬉しくて、「有意義な買い物をした」と思っていても、時間をおいて冷静に見直すと、ムダな買い物だったと気づくこともあるからです。

消費＝黄、浪費＝赤、投資＝青で家計簿に線を引いていくと、何にムダづかいしているかが一目瞭然。すると「来月は赤＝浪費を減らそう！」とやる気になり、ちょっとしたゲーム感覚でムダづかい防止に取り組めます。

家計簿の振り返り① 買い物グセをチェック！

まずは家計簿をざっと見て、自分の買い物グセに気づきましょう。ムダを見つけて改善していけば、自然に買い物上手になれます。

第1週（9/1～9/7）	第2週（9/8～9/14）	第3週（9/15～9/21）
9/1 スーパー 3000円 お米が安かった 9/2 美容院 8000円 　　 おやつ 600円 　　 本 800円 ケーキおいしかった 9/3 スーパー 2000円 　　 コンビニ 500円	9/8 スーパー 4500円 少し買いすぎたかも 9/9 コスメ 5000円 　　 ランチ 1200円 ママ友とランチ 9/10 スーパー 2000円 　　 コンビニ 500円 旅行に行きたいな	9/15 スーパー 4000円 遊園地 10000円 家族で遊んで楽しかった 9/16 コンビニ 500円 パパとケンカした 9/17 服 4000円 　　 ケーキ 1000円 ストレス買いした…

❶ （9/1・9/8・9/15 スーパーの行）
❷ （9/17 服・ケーキの行）

check ❶
どの店によく行く？
買い物に行く回数が多いと、ムダ買いする可能性がアップ。必要のないお店に行く回数を減らし、ムダ買い防止につなげましょう。

check ❷
買い物が増えるのはいつ？
「疲れるとつい外食をしがち」「給料日の後は買い物の量が増える」など、何がきっかけで買い物が増えるかを確認し、減らす工夫を。

毎日のちょっとした習慣がムダづかいのもとに

パパとケンカすると増える…

家計簿に一言メモを書いておくと見直しやすい

家計簿の振り返り②「消・浪・投」に分ける

おやつは消費？ それとも浪費？ 家計簿の一例を見ながら「消・浪・投」のメソッドを学びましょう。

「消・浪・投」基本のつけ方

以下を参考に、買ったものを「消費」「浪費」「投資」に分けてみましょう。

消費　生活に必要な支出
（食費や住居費、水道光熱費、教育費、被服費、交通費など）

浪費　生活に必要でない支出、ムダづかい
（お酒やタバコ、コーヒーなどの嗜好品や、度を超えた買い物など）

投資　将来、自分や家族に役立つ、意味のある支出
（習い事や本など学ぶための費用、貯蓄、投資信託など）

「消費」は黄、「浪費」は赤、「投資」は青で家計簿の記録に線を引くニャ

「消・浪・投」の理想バランス

支出を「消費」「浪費」「投資」に分けたら、それぞれの金額を計算し、右の理想バランスに近づけるよう改善しましょう。

うち13～15%は貯蓄に

投資 25%
浪費 5%
消費 70%

例　手取りが30万円の場合
消費：21万円
浪費：1万5000円
投資：7万5000円（うち4万5000円は貯蓄へ）

過剰な「浪費」は減らすべきですが、ゼロにしようとするとストレスがたまります。人生を楽しむために適度な「浪費」は必要と考え、5%くらいはOKとしましょう。

「消・浪・投」分け方のポイント

お菓子や小物など、生活必需品でなくても仕事や家事へのやる気を高めてくれれば「投資」に。買って満足したか、後悔したかも振り返って判断すると◎。

第1週 (9/1～9/7)	第2週 (9/8～9/14)	第3週 (9/15～9/21)
9/1 スーパー 3000円 お米が安かった	9/8 スーパー 4500円 少し買いすぎたかも	9/15 スーパー 4000円 遊園地 10000円 ❸ 家族で遊んで楽しかった
9/2 美容院 8000円 おやつ 600円 ❶ 本 800円 ケーキおいしかった	9/9 コスメ 5000円 ランチ 1200円 ❷ ママ友とランチ	9/16 コンビニ 500円 パパとケンカした

❶ おやつは消費？ 浪費？

夕食までの空腹をしのぐのに役立つなら「消費」。おやつを食べすぎて食事がとれなくなってしまったら、「浪費」になります。

> おやつの買いすぎは「浪費」になりますが、「今週1万円でやりくりできたらケーキを買う」など、目的達成のご褒美なら「投資」になります。

❷ ママ友との食事代は投資？

関係づくりやリフレッシュに役立つなら「投資」。だらだらおしゃべりをするだけなら「浪費」になるので、回数を減らすなど工夫を。

❸ テーマパークに行くのは投資？

子どもも親も楽しく、明日への活力になったら「投資」。並ぶのが苦痛だったり、子どもが小さくて価値がわからないなら「浪費」に。

> 食材は基本「消費」ですが、使い切れなかったら「浪費」。生きていくのに必要なものでも、うまく使い切れなかったり、ムダにしてしまったら「浪費」になるので注意を。

家族が幸せになる ゆる家計

ぶれない力　せいとんする力　工夫する力

収入の範囲内でやりくりする ゆる家計にチャレンジ

我が家のお金の流れが見えてきたら、次はそれを整える「ゆる家計」にチャレンジしましょう。

ゆる家計の基本は「収入の範囲内でやりくりすること」。そのための一歩として、もし今の家計で高すぎる固定費や変動費があれば、減らせるように工夫しましょう。

本書でも、費目ごとの見直しや節約法を紹介していきますが、ポイントは「今の自分の暮らしでできるものから無理なく取り入れる」こと。一気にあれもこれも削ろうとすると、生活が乱れてストレスのもとに。できるものから少しずつ試して、自分のライフスタイルに合う家計に近づいていくのがおすすめです。

人と比べない予算を立て 「我が家の価値観」で豊かに暮らす

支出を見直す時は、人のお金の使い方と比べないことも大切です。「みんなは旅行によく行くのに、うちは行けない」などと比べていると、不満や我慢がたまって苦しくなります。それより「私は何にお金を使えると幸せになれる?」と考え、自分や家族が喜びを感じるものに予算を振り分けるようにしましょう。「我が家の価値観」を大事にして予算を組めば、暮らしの満足度が高まって余計な出費も減り、貯金にもまわせます。

家計を見直す4つのステップ

4つのステップで、自分や家族の価値観に合った家計づくりをしましょう。
1つずつ丁寧に取り組んでいくのがポイントです。

収入
- 貯金
- 固定費　毎月一定額が出ていくお金
  住居費（家賃もしくは住宅ローン）、水道光熱費、通信費、保険料、塾費用、こづかいなど
- 変動費　日々の生活で出ていくお金
  食費、日用品費、被服費、交際費、交通費、医療費など

Step1　固定費を見直す（→ P64〜）
Step2　変動費を見直す（→ P68〜）
Step3　月予算を立てる（→ P72〜）
Step4　週分けで管理する（→ P74〜）

これをすれば我慢しなくても自然に貯まるニャ

ラクチンニャ〜♪

固定費を見直してムダ支出を大幅カット!

`ぶれない力` `せいとんする力` `工夫する力`

節約は「固定費の見直し」から

節約というと食費などの変動費から始める人が多いのですが、そうするとストレスがたまりやすく、生活の満足度が下がり、実は節約効果も低め…とあまりおすすめできません。

一方、住居費や通信費、水道光熱費などの固定費は「金額が大きい分、節約できれば大幅なカットにつながる」「一度見直せば、節約効果が毎月続く」など、大きなリターンが期待できます。

「引っ越しできないから、住居費は削れない」「光熱費はこれくらいかかるもの」「今さらガラケーに戻せない」など、「固定費はこれ以上削れない」と決めつけていると、大きな節約のチャンスを見逃すことになります。

まずはその思い込みを外して、気軽な気持ちで情報収集をしてみましょう。ネット、口コミサイト、店頭のカタログや駅のポスター、テレビのコマーシャル、友人との会話など、色々なものにアンテナを張りめぐらすと、新しいサービスやオトクな料金プラン、割引キャンペーンなどの情報が集まってきます。その中には、今の生活レベルを変えずに固定費を減らす方法もきっとあるはず。発想を柔軟にし、色々な節約アイデアを探してみましょう。

情報収集のアンテナを立てて固定費カットのヒントを探す!

固定費の見直し① 住居費

住居費は、手取り収入の25〜30%が目安。ここを抑えると貯蓄が増えるだけでなく、万が一のリストラなどで収入が減った時も安心です。

家賃の安いところに引っ越す

家賃が2万円下がれば、年間で24万円もカットできます。家賃が安いエリアを探す、間取りを検討するなど工夫してみましょう。

引っ越しは一時的にまとまったお金が必要になりますが、引っ越すことで家賃が減れば、半年や1年でもとが取れます。長い目で見て計算しましょう。

大家さんに家賃交渉をする

契約更新時に、大家さんに家賃の値下げを交渉するのもいいでしょう。意外にすんなり下がったりすることもあります。

住宅ローンの借り換えを検討する

住宅ローンを払っている人は、借り換えシミュレーションを検討。借りた時よりも低金利なら、返済額が減ることも多いのです。

固定費の見直し ② 通信費

加入した時の料金プランのままだと、知らないうちに損していることも。最新のサービスやプランを調べ、オトクなものに変えましょう。

電話番号はそのままで、今使っている端末を使える場合も多い

格安SIMに乗り換えで通信費が激減する！

通話をほとんどしないなら、格安SIMを検討してみて。多少の利用制限はありますが、大手キャリアの1/3程度の料金になります。

プランの見直しで年間1万8000円オトク

自分が実際に使っているデータ量よりも、容量が多めのプランを組んでいないかを確認し、自分の使用量に合うプランにしましょう。

docomo・au・SoftBank各社のデータ使用量別値段は2GB 3500円、5GB 5000円、8GB 6700円（2016年7月調べ）。5GBを2GBにするだけで毎月1500円の節約に。

各社にオトクなセットがあるので要チェック！

ネット回線とスマホの会社統一で安くなる

ネット回線とスマホを同じ会社にすると、セット割でオトクに。毎月2000円程度安くなれば、年間で2万4000円も節約に！

固定費の見直し③ 光熱費

電力の自由化に伴ってできたサービスや料金を活用しましょう。

安い電力に契約変更を

契約会社や料金プランを変えることでオトクに。ただし「2年間の契約が必要」「ネットとセットで」などの条件があるか、確認を。

ネットで電気料金を比較できます。「エネチェンジ」https://enechange.jp
「価格.com 電気料金比較」http://kakaku.com/energy/

固定費の見直し④ 習い事代

「子どもの可能性を広げたい」「よその子がしているから」など、つい増えがちな習い事ですが、一度入ったらやめるのは困難。始める前に検討を！

自分で教えたり、格安教室を探す

一緒に本や図鑑を見たり、自然の中で遊ぶことでも、色々学べます。行政主催のものや個人の教室など、格安教室を探すのも◎。

習い事は月謝だけでなく、材料費や教材費、通うための交通費などもかかります。そういった諸経費がいくらかかるか、始める前に確認しましょう。

※保険の見直し（→P124～）もすると、固定費を大幅にカットできます。

変動費の見直しで家計がラクになる

`ぶれない力` `せいとんする力` `工夫する力`

変動費の無理な節約はストレスのもとに

固定費を見直したら、次は変動費の見直しをしましょう。P64でも書いたように、変動費は無理に削るとストレスのもとに。食事や洋服、人付き合いなど、毎日のシーンに表れるものなので、無理な節約をすると生活の質が下がってしまいます。我慢しすぎてストレス買いを招いたり、食費を削りすぎて体調を崩し、医療費がかかってしまっては、せっかく頑張った節約も意味がなくなってしまいます。生活の質を落としすぎず、ストレスのたまらない範囲で変動費の見直しをしましょう。

節約は一生続くもの 長く続けられる方法を探そう！

変動費の見直し、節約は「無理せず、ゆるやかに、徐々に」が基本。一度にあれもこれも節約しようとせず、「あまりに支出が多い費目」や「削ってもそこまで気にならない費目」からムダを減らしていくようにしましょう。

また、自分や家族が幸せを感じるもの、大切にしたいものにはお金をかけるようにすると、暮らしの満足度が上がります。すると他のところでお金を使わなくても気にならなくなり、自然と支出が減らせるという嬉しい効果も。「何にお金を使うと毎日が楽しくなるか」を考え、工夫することも節約につながります。

変動費の見直し ① 食費

食事は家族の健康や心の満足度を左右するものなので、節約は慎重に！

高級食材を使っても外食よりは低コスト

食事を充実させると間食を減らせる

食事で食欲が満たされれば、お菓子やジュースを欲しがることが減ります。栄養バランスや好みを大切にした食事を心がけましょう。

なんとなく外食をやめ家ごはんの質を高める

外食が多いと、1回の支出を抑えるため安い店を選びがち。食材をリッチにして家ごはんを楽しむ方が、低コストで満足度もアップ。

ネットの共同購入で外食をオトクに購入！

制限時間内に一定の購入希望者が集まると買える共同購入は、グルメの商品が豊富。割引率も高いので、外食費の節約におすすめ。

共同購入クーポンサイトは、グルーポン（http://www.groupon.jp）、ポンパレ（http://ponpare.jp）などが代表格です。

変動費の見直し② 日用品費

ストックを減らし、買いすぎないことを心がけましょう。

使った分だけ補充し ムダ買いを減らす

安いとまとめ買いしがちですが、大量にあると消費ペースも上がりやすくなります。ストックは最小限にし、使った分だけを補充して。

ストックの量を減らすと在庫が一目でわかるのでダブリ買いを防げます

変動費の見直し③ 被服費

安いから、流行っているからでなく、好きな服を長く着る方がオトク！

1着買ったら1着捨てる ルールづくりで節約

値段に関わらず「1着買ったら、1着捨てる」ようにしましょう。買う時に慎重になり、衝動買いを防げます。

本当に欲しいものだけを買って満足度を高めましょう

1回100円以下になる服を選ぶと、ムダ買いが防げます。4000円の麻の服で、着るのが夏（6〜8月）に週1回なら、1年で12回。4年以上着るなら買いです。

変動費の見直し④ 交際費

ちょっとした工夫で、楽しみながら支出をカットしましょう。

順番に自宅ランチをすれば気兼ねなく付き合いが楽しめます

外食の回数を控えたり自宅ランチを提案

ママ友との外食ランチは週2回までと回数を決めたり、自宅に招いてランチすれば、関係を崩さずに節約できます。

変動費の見直し⑤ その他

専業主婦も遠慮せずおこづかいを設定しましょう。ストレスや衝動買いが減り、節約につながります。

欲しいものはおこづかいから買う

個人的な買い物は、おこづかいから買いましょう。家計に影響せず、予算内で好きなものを気兼ねなく買えるので、楽しみが増えます。

自分が自由に使えるお金があるとストレスも減！

掃除機の買い替えなど、普段の生活用品以外で家族に必要なものは、毎月の生活費とは別に予算を組み、そこから出しましょう（→P110～）。

1ヵ月の予算を立ててみよう！

左ページの「理想の家計バランス」を参考に、自分のライフスタイルに合った予算を立ててみましょう。

家計費内訳	割合	金額
収入（手取り）	100%	
住居費	%	
食費	%	
水道光熱費	%	
通信費	%	
生命保険料	%	
自動車関連費	%	
生活日用品費	%	
医療費	%	
教育費	%	
交通費	%	
被服費	%	
交際費	%	
娯楽費	%	
こづかい	%	
嗜好品代	%	
その他	%	
預貯金	%	
支出計	100%	

予算を立ててやりくりにトライ！

費目を見比べて削りどころを見つける

「食費を多くしたいから、被服費を1％減らす」など、増やしたい費目があれば、削りやすい費目から予算を移動しましょう。

立てた予算で実際に1ヵ月過ごすと、どの費目の予算が多い、少ないかがわかります。そうしたら翌月はそこを調整。そのくり返しで、自分に合う予算を見つけましょう。

単身者（1人暮らし）

家計費内訳	理想割合	理想の金額
収入（手取り）	100%	200,000
住居費	30.0%	60,000
食費	15.0%	30,000
水道光熱費	6.0%	12,000
通信費	4.0%	8,000
生命保険料	1.5%	3,000
自動車関連費	0%	0
生活日用品費	2.0%	4,000
医療費	1.5%	3,000
教育費（自分の）	3.0%	6,000
交通費	3.5%	7,000
被服費	2.5%	5,000
交際費	4.0%	8,000
娯楽費	2.5%	5,000
こづかい	0%	0
嗜好品代	3.0%	6,000
その他	4.5%	9,000
預貯金	17.0%	34,000
支出計	100%	200,000

DINKS（子どもがいない共働き夫婦）

家計費内訳	理想割合	理想の金額
収入（手取り）	100%	280,000
住居費	25.0%	70,000
食費	15.0%	42,000
水道光熱費	4.5%	12,600
通信費	5.0%	14,000
生命保険料	2.0%	5,600
自動車関連費	1.5%	4,200
生活日用品費	1.5%	4,200
医療費	1.5%	4,200
教育費（自分たちの）	2.5%	7,000
交通費	3.0%	8,400
被服費	3.0%	8,400
交際費	2.0%	5,600
娯楽費	3.0%	8,400
こづかい	10.0%	28,000
嗜好品代	2.0%	5,600
その他	3.5%	9,800
預貯金	15.0%	42,000
支出計	100%	280,000

夫婦と小学生以下の子ども1人

家計費内訳	理想割合	理想の金額
収入（手取り）	100%	280,000
住居費	23.0%	64,400
食費	13.0%	36,400
水道光熱費	4.5%	12,600
通信費	5.0%	14,000
生命保険料	5.5%	15,400
自動車関連費	3.0%	8,400
生活日用品費	2.0%	5,600
医療費	1.5%	4,200
教育費	5.0%	14,000
交通費	3.0%	8,400
被服費	3.0%	8,400
交際費	2.0%	5,600
娯楽費	2.0%	5,600
こづかい	10.0%	28,000
嗜好品代	1.5%	4,200
その他	3.0%	8,400
預貯金	13.0%	36,400
支出計	100%	280,000

夫婦と小学生1人・中学生1人

家計費内訳	理想割合	理想の金額
収入（手取り）	100%	280,000
住居費	26.0%	72,800
食費	15.0%	42,000
水道光熱費	5.0%	14,000
通信費	5.0%	14,000
生命保険料	5.5%	15,400
自動車関連費	2.5%	7,000
生活日用品費	2.5%	7,000
医療費	2.0%	5,600
教育費	4.5%	12,600
交通費	2.5%	7,000
被服費	2.5%	7,000
交際費	2.0%	5,600
娯楽費	3.0%	8,400
こづかい	9.0%	25,200
嗜好品代	1.5%	4,200
その他	3.0%	8,400
預貯金	8.5%	23,800
支出計	100%	280,000

※ライフスタイル別「理想の家計バランス」マイエフピー調べ

失敗しない家計の仕組み 週分け管理法

せいとんする力　組み立てる力　つづける力

月単位で管理するより週単位の方が簡単！

変動費のメインとなるのは、食費と日用品費。この管理を成功させるのにおすすめなのが「週分け管理法」です。

「月5万円で食費と日用品費をやりくりして」と言われて、うまくできる人はそんなにいません。月のはじめに使いすぎてしまったり、給料日前には「支出を抑えなくちゃ」とストレスがたまったりして、支出が安定しないことも。そして次の給料日にボンと大きく使ってしまうなど、反動も起きやすくなります。

そういう人は支出にムラがないように、週単位で管理するようにしましょう。月の予算が4万円なら、週で使えるお金は1万円に設定します。週予算は、キリのいい金額にするのがおすすめ。予算を決めたら、毎週少し余らせるぐらいの気持ちで使うようにしましょう。週の最終日になったら、余った分は翌週に繰り越さず、別に取り分けます。そして新たに1週間1万円でやりくりするのです。

足りなくなったら翌週の予算から前借り

予想外の支出などで週予算が足りなくなったら、翌週の予算から前借りします。例えば2000円前借りしたら、翌週は2000円減らした予算でやりくりするのです。こうして赤字を短いターンで補えば、大きな赤字を防げます。

74

週分け管理をやってみよう！

このステップで管理すれば失敗なし。無理なく予算内でやりくりできます。

Step1 週予算を決める

食費（月予算：　　　円）＋日用品費（月予算：　　　円）÷4週
＝週予算：　　　円

※端数が出たら1000円単位に修正し、覚えやすい金額にします。
　やりくりが苦しくならないよう、少し余裕のある金額に設定しましょう。

Step2 週予算を財布に入れる

・緊急用の1万円も、目立たない所に入れておきます。

Step3 予算内で1週間やりくりする

・カードを使うと残金がわからなくなるので、現金払いを基本に。

月曜スタートなら、木曜に残金をチェック。半分以上使っていたら、支出ペースが早すぎるとして、後半を引き締めましょう。また、土曜・日曜は出費が多くなりがちなので気をつけて。

財布の中身＝今週の残り予算になって、予算管理がラクに！

Step4 余ったお金を財布から出す

・最終日に残ったお金は財布から取り出し、翌週は再びステップ2からスタートします。

余ったお金は自由に使ってOK。小銭はお菓子など、ちょっとしたお楽しみに使うとストレス減。お札は通常の貯金と分けて貯め、家族旅行などに使うのもおすすめ。

ゆる家計

予算オーバーしない、賢い買い物術

ちょっとした工夫でムダ買いを減らし、週予算を守ることができます。できることから取り入れ、予算オーバーを防ぎましょう。

買い物メモをつくってムダ買いゼロに！

その日に買うものをメモしてから買い物に行きましょう。店頭で余分なものを見なくなり、衝動買いも減らせます。

特売品も必要がなければ買わないように

1週間の献立を決め食材のムダをなくす

1週間の献立を決めておくと、効率よく食材を使えるようになります。必要な量もわかり、ムダ買いがなくなります。

チラシを見ながら考えるとオトク

チラシは割引率ではなく、実際の金額でオトクかを考える

チラシは割引率の大きさより、「実際にいくら安くなるか」に注目することが大事。割引後の金額を計算し、本当にオトクかを見極めましょう。

合計金額はA店の方が160円安いニャ

B店の方が安そうだけど…

週に2〜3日 買わない日をつくる

毎日買い物に行くと、つい余分なものまで買いがち。買い物をする日をしぼり、無買デーをつくることでムダな支出を抑えましょう。

今日は買わない日

月末用の予算で 心に余裕を持たせる

月末のピンチを救うため、月末用の5000円を予算に組み、ラスト3日になったら足しましょう。赤字を防ぎ、心の余裕をつくります。

やりくりのやる気もキープできます

よかった〜

ゆる家事でお金が貯まる

ぶれない力　工夫する力

ゆるやかな発想と工夫でムダな支出を減らす

予算内でやりくりするために大切なのは「柔軟に考えること」です。

例えば、つくろうとしていたレシピには豚肉が必要だけど、冷蔵庫には鶏肉しか入っていない。そんな時、頭が固いと「豚肉を買いに行かなくちゃ」と考えてしまい、お金も時間も使うことになります。しかし、「鶏肉で代用できないかな？」と考えてアレンジできれば、余分な支出もなくなり、持っている食材もムダなく使い切ることができます。

困ったことが起きたら「どうしたらうまくいくかな？」と考え、工夫しましょう。ないものをあるものでまかなうようにすれば柔軟性が身につき、家計のピンチにも強くなれます。

「こうしなきゃダメ」をなくすと工夫のアイデアが生まれる

「冷凍食品を使わず、料理は手作りしよう」とするのはいいことですが、それがいきすぎて家事に負担がかかったり、時間がない日は外食になったりすると、心にも家計にもマイナスです。

家族のために行っていることが、支出やストレスのもとになっていたら、一度見直してみましょう。手抜きがいやなら「アレンジすれば冷凍食品を使ってもいい」など、自分に合うルールにすればOK。心にも家計にも余裕ができます。

お金が貯まる、ゆる家事のコツ

家事を頑張るのはいいことですが、無理しすぎは禁物。自分に合うラクな方法でストレスを減らせば、余裕を持って家計管理に取り組めます。

掃除もおかずもローテーションにするとラク

毎日頑張りすぎない

毎日料理も掃除も完璧に！はストレスのもとに。「月曜の掃除は玄関だけ」など、1日の家事をゆるく決めて負担をなくしましょう。

毎日凝ったレシピでなくても、定番おかずで十分満足できる食事はつくれます。献立を考えるのが苦手な人は、定番おかずをローテーションさせてもOKです。

ほどよい手抜きを
うまく取り入れる

手作りの食事を大事にしていても、「週1回は外食でもいい」など手抜きをOKとすれば心に余裕ができ、ストレスも減ります。

ほどよく手を抜くことで節約する意欲もキープ

ゆっくり休めば
やりくりの調子も整う

疲れたら、お茶を飲んでのんびりする「ひとり時間」でリセット。ひと息入れることで、やりくりや家事へのやる気も復活します。

心に余裕ができるとやりくりを頑張るパワーが出てきます

ラクして得する料理アイデア

料理は毎日することだから、節約＆ラクになれば嬉しいもの。気軽に始められるラク家事アイデアを取り入れてみましょう。

ちょい手抜き＆いい市販品を取り入れる

品数を増やしたい時は、カット野菜や惣菜のフライをちょい足し。高級ラインの冷凍食品やレトルトなら、外食並みの満足度に！

高級レトルトを使っても外食よりはオトク！

味付け調味料ではかる手間をカット！

ぽん酢しょうゆや焼肉のタレなど、味が決まっている調味料は、計量の手間なく使えて便利。色んな料理にすぐ使えます。

はかる手間ナシで便利！

余ってる調味料も味付けに使って使い切りましょう

ぽん酢しょうゆは、ドレッシングや唐揚げのタレにも使えます。焼肉のタレは、肉にもみ込んで野菜と焼けばプルコギ風に。肉団子などの煮込み料理にも合います。

切るだけ冷凍や半調理品を常備する

材料を切った状態で冷凍しておけば、毎日の調理ですぐ使えます。ゆでただけ、漬けただけの半調理品を常備しておくのも便利。

週末に準備しておけば、忙しい日のごはんづくりに役立ちます

切るだけだからラク～

困った時はカレー鍋＆ホットプレートごはん

予算が足りない時は、冷蔵庫のハンパ食材でカレー鍋に。ホットプレート料理も、簡単＆見栄えがいいのでおすすめ。

イベント感があって子どもも大喜び

簡単な手作りおやつで満足度アップ

簡単でおいしいおやつレシピを1つ覚えておけば便利。シンプルでも手作りなら家族の満足度が上がり、定番化すれば「母の味」に！

子どもと一緒につくるのも◎

福にゃんクッキーできた！

パンの耳を揚げて砂糖をまぶしたものや、ホットケーキミックスでつくるドーナツなど、安価で簡単にできるものを定番おやつにすれば、手間をかけずにお菓子代カット。

部屋を片づけるとお金が貯まるワケ

ぶれない力 **せいとんする力**

部屋を片づけるとお金の使い方が変わる!

「もの」はお金が形を変えたもの。そのため、ものを大切にできない人は、自分が何をどれだけ持っているかが把握できず、お金が貯まりにくい傾向にあります。

家計管理に取り組んでもなかなか貯まらないという人は、部屋の片づけをしてみましょう。片づけるうちにどんなものをよく買うのか、自分の買いグセも見えてきます。また、ムダだったものを捨てることで、「今後は絶対にムダを出したくない」と思うようになり、余分なものを買わなくなります。

部屋がキレイになると、心も頭もスッキリし、ストレスによる衝動買いが減らせます。キレイな状態をキープしたいという思いから、物欲が減るという効果も。ムダづかいに悩む人は、部屋を片づけてみましょう。

片づけの第一歩は捨てることルールを決めてものを減らそう

片づけは、多すぎるものを捨てることがスタート。「ものを捨てるのが苦手」「後悔しそうで捨てられない」という人は、捨て方のルールに沿って減らし、今の自分の暮らしに必要なものだけを残すようにしましょう。引き出しなど、スペースが小さなところから始めると失敗せず、できたという達成感でやる気が続きます。

ものの捨て方ルール

ルールに従って捨て、自分の生活に必要なものだけを残しましょう。

不要品はどんどん手放しましょう

ルール1
「今使うもの」だけを残す

「いつか使うかも」「まだ使える」というものも、使っていなければゴミと同じ。今使っていないものは、潔く処分しましょう。

ルール2
「持っていないと」の思い込みをなくす

「玄関マットは敷くべき」「流しに水切りカゴは必要」などの思い込みが、ものを増やす原因に。自分に必要なものだけを残して。

マット類を敷かないようにすると掃除もラク

ストックはここに入る分だけ

ルール3
定量を決め、多い分は捨てる

ものの置く場所と定量を決め、スペースに収まらないものや定量をオーバーするものは捨てましょう。ものがあふれるのを防ぎます。

最後にいつ使ったかわからないもの、使い道が思い浮かばないもの、タダでもらって使っていないものも潔く捨てましょう。捨てにくいものは欲しい人に譲るのもOK。

片づけのコツ① リビング・ダイニング

ものを減らして見た目もスッキリさせれば、物欲が減ってムダづかい防止に。

いいお皿だと料理がおいしく見える！

長く愛着が持てるものだけを持つ

自分好みで飽きがこないものだけを持ちましょう。好きなものに囲まれた部屋なら満足度が上がり、むやみにものを買わなくなります。

食器は多少高くてもいいものを買い、普段使いと来客用を区別なく使うのもおすすめ。食器の数が減って収納スペースもスッキリし、かかるお金も減らせます。

テーブルの上には何も置かない

テーブルの上にものがあると、部屋全体が散らかって見えます。こまめにリセットし、「何も置いていない」状態を維持しましょう。

余分なものは置きたくないわ

片づいているとムダ買いも減ります

散らかしていいスペースをつくれば、親も子どももストレスがたまりません

子どもの遊び場をつくりものが散らかるのを防ぐ

部屋にマットを敷くなどして、子ども用の遊びスペースをつくりましょう。そこ以外はものが散らかりにくくなり、片づけもラクに。

片づけのコツ ② 冷蔵庫

食材は「必要なものだけを買い、新鮮なうちに使い切る」ことが鉄則。期限切れやムダが発生しないよう、冷蔵庫は詰め込みすぎず、いつもキレイに。

庫内は7割くらいの量にするのがおすすめ

冷蔵庫にあるものが一目でわかる状態に！

冷蔵庫は詰め込みすぎず、中身がすぐにわかるくらいの量に。庫内に空間があると冷却効率も上がり、電気代も節約できます。

野菜室は床が見える量に

野菜室は深さのある場合が多く、下の方に置いた野菜を腐らせがち。野菜室の床が少し見えるくらいの量をキープしましょう。

二段に分かれていたら上段に使いかけを入れましょう

冷凍庫の定期点検で使い忘れを防ぐ

冷凍したからといって、腐らないわけではありません。月に一度は中身を確認し、古いものから順に使うようにしましょう。

期限切れまであと3日だった〜

片づけのコツ ③ 財布

財布の中身がキレイだと所持金がすぐわかり、お金を大事に使うようになります。いらないものはすぐに出すようにしましょう。

一目で所持金がわからないのはNG

不要品でいっぱいのブタ財布は家計ダウンに

レシートなど不要なものが財布にいっぱいだと、所持金がわからず、お金を雑に使いがち。いらないものは出し、スッキリした状態に。

財布にお札を入れる時、手前に1万円札、奥に1000円札を入れるようにすると「1万円を崩したくない」という気持ちになり、ムダづかいをセーブすることができます。

クレジットカードは1枚がベスト！

クレジットカードは支払いが後日になるなど、お金の流れをわかりにくくするもとに。お金を貯めるなら1枚がベストです。

こんなに持ってた！

クレジットカードは多くても3枚までにして他は解約しましょう

お気に入りの財布でお金を大事に使う

自分の好きな財布を使えば、自然に中身を整えるようになり、お金を丁寧に使おうという意識がアップ。散財も減らせます。

第3章
ゆる貯金をはじめよう

先取り貯金でスムーズに貯まる

せいとんする力 **つづける力**

貯められない人こそストレスフリーの先取り貯金を

家計が安定してきたら、次は本格的にお金を貯めましょう。「給料日まで残ったお金を貯金しよう」とすると、使いすぎて結局貯められなかったり、常に「貯めなきゃ」ということを意識してしまい、やりくりにストレスを感じてしまいます。

そこでおすすめなのが、無理をしなくても貯まる「先取り貯金」です。給料が入った時に一定額を別の口座に移すことで、これを続ければ確実に貯めることができます。先に貯金をしてしまうので、「貯金できるようムダづかいを抑えなきゃ」と考えずに済み、家計管理がラクになる効果もあります。

自分に合った預け先で確実に貯める

先取り貯金の代表格は「自動積立定期預金」。毎月決まった日に決まった金額を積み立てるもので、誰でも気軽に始められます。一度手続きをすれば、自動的にお金を貯められるのが魅力。給与振込みに利用している銀行で開設すると、振り込み手数料もかからず便利です。

また、自分や家族の勤務先に社内預金や財形貯蓄制度があれば、これを利用して給与天引きでお金を貯めることもできます。一般の預金に比べ、金利や税金の面で有利なのが魅力。1年間は払い戻しできないなど、解約に縛りや条件があるので気をつけましょう。

先取り貯金、どこに預ける？

色々な商品の特徴を知り、自分に合うものを選びましょう。

1000円くらいから積み立てできるものも

銀行・ゆうちょなどの定期預金に積み立て

給与口座から積立預金口座に、毎月一定額を振り替える仕組み。積み立て日は給料日の直後に設定するのがおすすめです。

会社の貯蓄制度を利用

社内預金や財形貯蓄などに給与天引きで貯めます。一般の積み立てより金利がいい反面、引き出しに条件があったりするので注意。

簡単に引き出せない分、貯まりやすい

財形貯蓄には、使い道が自由な一般財形貯蓄、住宅費用の財形住宅貯蓄、老後資金用の財形年金貯蓄があり、財形住宅貯蓄・財形年金貯蓄は合算して550万円まで非課税に。

余裕資金ができたら投資信託の自動積み立てに

余裕ができたら、先取り貯金の一部を投信で積み立てるのも◎。ネット証券では月々500円から始められる積立投資信託もあります。

ラク〜に貯まる 賢い口座の使い方

せいとんする力　組み立てる力　つづける力

目的別に口座を分けて お金の流れをスッキリ！

1つの口座に生活費も貯金も入れていたり、複数の口座に預金が入っていると、貯金額がいくらかわからず、貯める意欲もわきにくくなります。

口座は目的をハッキリさせ、管理できる数にしぼりましょう。おすすめは、次の2つの口座を持つことです。

① 使う口座
② 貯める口座

「使う口座」は生活費専用。住居費や光熱費などの引き落としはもちろん、食費や日用品費などもここから出します。

「貯める口座」は貯金専用で、生活費のための引き落としには使わないようにしましょう。この口座には、手取りの6ヵ月分を貯めます。6ヵ月分というのは、病気や事故、リストラなど、いざという時もこれで生活を立て直せるだろうという目安の額。生活防衛資金の口座と考えましょう。

貯金ができたら「増やす口座」で投資に挑戦

貯める口座に手取りの6ヵ月分が貯まったら、次は「増やす口座」をつくり、お金を入れていきましょう。この口座のお金は投資信託などに使うので、証券会社につくるのがおすすめです。

目的別口座の選び方＆つくり方

自分に合った金融機関を選んで、目的別口座をつくりましょう。

口座開設のチェックポイント！

口座の目的に合わせ、使い勝手のいいところを選びましょう。

使う口座
普段使いの口座なので、家の近くにATMがあるところを選んで。「時間外でも出金手数料が無料」などのサービスがあると便利！

貯める口座
給与から先取り貯金をする際、手数料がかからない銀行がおすすめ。金利にも注目し、利率のいいところを選びましょう。

メガバンクの金利の10倍、20倍も当たり前

金利のいいネット銀行を有利に使う

金利がいいネット銀行は、貯める口座に使うと◎。ソニー銀行では自分名義の他行から手数料無料で自動的に入金できるサービスも。

「じぶん銀行」は三菱東京UFJ銀行のグループ会社で、インターネットバンキングなら相互振込手数料が0円。三菱東京UFJ銀行が給与口座なら、貯める口座におすすめ！

目的別口座でしっかり貯める －初級編－

初心者は2つの口座を活用！ 手取りを「使う口座」と「貯める口座」に分けて入れ、お金の流れをスッキリさせましょう。

目的別口座でしっかり貯める　ー上級編ー

生活防衛費（手取りの6ヵ月分）が貯まったら、「増やす口座」をつくりましょう。使う・貯める口座も目的別に分けると、さらに使いやすくなります。

夫婦で家計を
管理すれば貯まる！

せいとんする力　工夫する力　つづける力

夫婦別家計は管理しづらく貯金に不向き

お金が貯まらないという家庭に多いのが、「夫婦別家計」。子どものいない共働き夫婦（DINKS）に多く、「夫は家賃、妻は食費」のように生活費の支払いを費目別に担当したり、「夫7割、妻3割」で出し合ったお金を生活費にあて、残りのお金は各自で管理するというもの。

夫も妻もきちんとお金を貯めていれば、あえて家計を1つにする必要はありませんが、実はどちらも貯めていなかったという状況になっていたら大変です。

また、お互いの貯金額がわからなければ、将来のプランも立てにくく、貯金への意欲も下がってしまいます。

お金が貯まるのは夫婦で1つの家計

貯め力をアップしたいなら、夫婦で1つの家計を管理するのがおすすめ。家計が1つになることで日々のやりくりしやすくなり、ムダな出費を抑え、計画的に貯金することができます。また、貯められる家庭は風通しがよく、お金の使い方や貯金について常に話し合っています。家計を1つにすることで、貯め力も夫婦の仲もよくなるのです。

夫婦別家計を長く続けていると、1つにするタイミングが難しいところ。お金がたくさん必要になる「子どもの誕生」や「住宅購入」をきっかけに、家計を1つにまとめましょう。

夫を家計に協力させるコツ

「指示されるのはイヤ」というタイプの男性には、家計を見える化したり、ライフプランを立ててもらって「自ら関心を持った」と思わせるのが◎。

トイレに家計簿を置いておいたり、リビングに予算表を貼るのも効果的

家計状況は数字でアピール

男性は数字を理解するのが得意。家計簿を目につくところに置くなどして毎月の収支を数字で見せ、関心を引きましょう。

「家計が大変」と感情だけで訴えても、夫は困ってしまいます。男性は計画を立てるのが得意なので、家計を数値化して具体的に相談したり、貯める計画を一緒にすると◎。

夫にライフプランを立ててもらう

ライフプラン（→ P130 〜）を立ててもらうと、子どもの養育費や老後の蓄えにいくら必要なのかが自覚でき、貯金にも協力的に。

夫に計算させるのがポイント

夫婦で納得して買ったものは満足度も高い

欲しいものは「プレゼン」で協議する

夫婦それぞれに欲しいものがある場合は、欲しい理由やメリットをプレゼン。2人とも買っていいと思ったものだけを購入します。

ゆる貯金

目標を立てて貯め力をアップ

ぶれない力　組み立てる力

具体的な目標ができるとどんどん貯まる

先取り貯金や口座の使い分けで貯める習慣が身についてきたら、少し先を見えた貯金プランを立ててみましょう。

貯金するのにあたって大切なのは、「貯めたら○○する」といった目標を立てること。「将来のために」などといった漠然とした目標より、「6万円貯めたら、ゴールデンウィークに家族で旅行に行くぞ！」「子どもの入学式にかっこいい服を着せてあげたい」など、具体的な目標があると、日々のやりくりや節約にも励みが出て確実に貯まります。ノートに「お金を貯めてしたいこと」を書き出し、プランを立ててみましょう。

1年未満で達成できる小さな目標を立てましょう

目標がある方が励みになるとはいえ、今まで貯金0円だった人が、いきなり「3000万円貯めて家を建てる！」といった大きな目標を立てると、ハードルが高すぎて挫折のもとに。まずは1年未満で達成できる、小さな目標から始めましょう。5万円貯めてハンディカメラを買ったら、次は7万円貯めて家族で一泊旅行に行くなど、小さなゴールをつくり、達成感を覚えながら進むのがコツです。

小さな成功体験を積んでいくうちに、子どもの教育費や住宅購入費、老後資金など、大きなお金も貯められるようになります。

貯める目標を書き出してみよう

お金を貯めてしたいことを、ノートに書き出してみましょう。いくら必要で、いつまでに実現したいかなどを具体化すると、お金が貯まっていきます。

書き方 「目標」「金額（目標を実現するのに必要な額）」「誰のため」「いつまでに」「優先度（Aが高く、Cが低い）」を書き込みます。

例

目標	金額	誰のため	いつまでに	優先度(A〜C)
車が欲しい	150万円	夫	1年以内	C
パソコンを新しくしたい	15万円	夫	半年以内	B
ロボット掃除機が欲しい	7万円	自分	4ヵ月以内	A
子どもをスイミングに通わせたい	5000円×12ヵ月	子ども	3ヵ月以内	B
家族旅行	10万円	全員	半年以内	A

みんなで楽しく書き出すニャ

目標を具体的に書くと達成意欲が高まります

年間の出費予定を立てて予算オーバーを防ぐ

せいとんする力　組み立てる力　工夫する力

季節の行事や税金など年間の支出を把握する

しっかりとした目標や予算を立てても、実際に貯金を始めると、思わぬことでつまずくもの。その原因の1つが、季節の行事や各種税金などの「特別支出」で予算が崩れてしまうことです。

住居費や光熱費、食費など、毎月の生活費の予算をしっかり立てていても、特別支出によってお金が足りなくなれば、先取り貯金の口座を崩すことになりかねません。そうするとせっかくの貯金ペースが崩れ、挫折しがちに。

そういった事態を防ぐためにも、「使う口座」には1カ月半分の手取りを入れておきましょう（→P96）。ただし12月や1月など出費の多い月は、それでも足りなくなる可能性があります。事前に予測できる特別支出の内容と時期、予想金額を書き出し、あらかじめ「使う口座」にプールしておくと安心です。

ボーナスは生活費のあてにしない

「予想外の出費はボーナスで補えばいい」と考える人もいるでしょう。しかし、ボーナスをあてにしていると、不況などで急に支給がなくなった場合、家計がまわらなくなる恐れも。ボーナスは支給される前から予算に組み込まず、もらってから使い道を考える方が安全です。

気をつけたい特別支出

以下を参考に、今後発生しそうな特別支出を考えてみましょう。

季節の行事や家族イベント

お正月のお年玉やバレンタイン、ひな祭りなどの季節行事や家族の誕生日など、イベントがある時期を確認して予算を立てましょう。

車や住居の税金、年払いの保険料など

自家用車があれば、自動車税や車検の費用、持ち家なら固定資産税が必要に。年払いの保険料やNHK受信料なども年間予算に入れて。

受信料など年払いがオトクなものは一括で

冠婚葬祭や家電・家具の買い替え

結婚式のお祝いや香典、家電や家具の買い替えなど、予想外の出費があってもあわてないよう、予算を多めに組んでおくと安心です。

家電の寿命は7〜10年程度。同じ年に購入していると、壊れる時期が重なりやすく、買い替え費用も多額に。長期プランで買い替え費用を貯めておくと安心です。

1年の特別支出予定は？

季節の行事やイベント、税金や保険料の支払いなどの予定を書き出し、年間の特別支出がいくらになるかを計算してみましょう。

特別支出の例
固定資産税・住民税・自動車税・車検代・年払いの保険料・NHKの受信料・賃貸住宅の更新料・冠婚葬祭費・家族の誕生日・記念日・季節の行事・学校行事　など

4月	5月	6月
入学・進学　　円 歓迎会　　円	母の日　　円 GWレジャー　　円	父の日　　円
合計　　円	合計　　円	合計　　円

10月	11月	12月
ハロウィーン　　円	七五三　　円 お歳暮　　円	クリスマス　　円 帰省　　円
合計　　円	合計　　円	合計　　円

_____ 年1～12月までの特別支出は　合計　　円

特別支出は多めに準備しよう

特別支出の費用を準備するには「支出の合計額を12で割って毎月積み立てる」「ボーナスをあてる」などの方法があります。予定外の冠婚葬祭や家電の買い替えなどに備え、多めに準備すると安心。

1月	2月	3月
お年玉　　　円 新年会　　　円	バレンタイン　円	ひな祭り　　円 送別会　　　円
合計　　　　円	合計　　　　円	合計　　　　円
7月	8月	9月
お中元　　　円 夏休みレジャー　円	お盆・帰省　円 夏休みレジャー　円	敬老の日　　円 秋のレジャー　円
合計　　　　円	合計　　　　円	合計　　　　円

低金利のオトクな貯め方 & 買い方

旅行や母の日、お中元やお歳暮など、年間の支出予定が立っていると、百貨店や旅行会社のオトクな積み立てや早割りサービスが利用できます。

百貨店友の会に積み立てて1ヵ月分オトク

百貨店の積み立てサービスで、毎月一定額を積み立てていくと、1年後の満期に積み立て額の1ヵ月分が上乗せされます。

サービス額が加算されたプリペイドカードや商品券がもらえる！

例 百貨店友の会の場合、毎月1万円×1年間（12回積み立て）で13万円に（預け入れ総額12万円＋サービス額1万円、年利換算8.3％）

積み立ての特典はとても魅力的ですが、それにつられてムダ消費をしないことが大切。自分の支出予定を踏まえて、本当にオトクかを確認してから積み立てましょう。

ネット申し込みができるところも多く、便利

お中元・お歳暮の早割で10％オフ

百貨店やスーパーの、お中元・お歳暮の早期割引のサービスを利用するとオトク。スーパーではおおむね10％オフで購入できます。

母の日や父の日、敬老の日などのギフトでも早期割引があります。10％オフや送料無料などの特典を賢く使いましょう。

旅行積み立てでオトク旅！

旅行会社や航空会社にも積み立てサービスがあり、満期時にサービス額（元本のおおむね２％前後）が上乗せされます。

トクした分でおみやげを買おう

例 JTB旅行積立「毎月払いコース」の場合、毎月1万円×1年間（12回積み立て）で12万1137円に（預け入れ総額12万円＋サービス額1137円、年利換算1.75％）

1ドリンク引換券付きでオクト♪

こだま利用で新幹線が安くなる！

こだまを利用する「ぷらっとこだま」なら、新幹線代が20％ほどオフに。電話やネットで事前予約が必要な点に注意。

詳しくは、ぷらっとこだまコールセンター（フリーコール：0120-945-255）へ。

早期予約＆キャンペーンで激安！飛行機旅

格安航空会社（総称LCC）の早期予約で、航空券が安く買えます。SNSやメルマガで発表されるキャンペーンもまめにチェック！

台湾に片道4000円で行けることも！

繁忙期だと通常の航空会社より高くなることがあるので注意しましょう。

教えて！横山先生②

> 貯めようと思っても
> なかなか続かなくて…

Q

A

ご褒美や家族会議でモチベーションをキープ

　お金のことは親や友達にも話しにくいもの。いざ、家計管理や貯金しようと思っても、誰も見てくれる人がいないからとついさぼってしまったり、途中でやめてしまったり……。そういう人はよくいます。

　家計管理や貯金へのやる気を維持するには、「目標を持つ」「ご褒美を設定する」などが効果的。そうすることで達成への意欲がわきますし、自分の頑張りを認め、貯金を続ける力にもなります。また、「FPなど、信頼できる人に見てもらう」のもおすすめ。私のところにも定期的に家計診断を受け、モチベーションをキープしている人がいます。

　ちなみに我が家では、家族全員で月に一度、マネー会議を開いています。お金について話し合うことで、自分のお金の使い方を見直し、やる気をキープしています。みなさんも自分なりの方法で貯金のやる気を維持しましょう。

第4章
人生のお金を貯めよう

ライフステージに合わせて
こんな保障を持つと安心ニャ

独身

ケガや病気に備える医療保障

結婚

夫婦の死亡保障・医療保障

出産

夫婦の死亡保障・医療保障・学資保険など

保障を手厚くしたい時期！

子どもの独立

夫婦の死亡保障を減らしてもOK

どの保険に入るかの判断ポイントは3つ

保険選びのチェック項目
1. 結婚してる？
2. 独立前の子どもがいる？
3. 共働き？

へぇ〜

小さな子どもがいる場合 働いてるのが夫のみか夫婦かで必要な保障額も変わるニャ

※公的保障には、遺族年金や高額療養費制度（→P142）などがあります。また、会社員の場合は企業から死亡退職金などが保障されることも。

もしもの時は貯金と保険で準備

ぶれない力　せいとんする力　組み立てる力

貯金がない人こそ保険が頼りになる

病気、ケガ、事故、死亡など、「もしもの時」に備えるのが保険です。貯金が少なく、「もしもの時」が起こったら困る人ほど、保険が頼りになるでしょう。

しかし、保険は種類も多く、家族構成やライフスタイルによって必要な保障内容・保障額は変わるもの。自分や家族にどんな保障が必要かを知り、それに合う保険に入ることが大切です。

また、不安だからといって必要以上の保障をつけ、毎月の保険料で家計が圧迫されては意味がありません。毎月の保険料の目安は、手取りの4～6％程度。その中におさまるよう、工夫しましょう。

公的保険などで足りない分を民間保険で補う

保険を選ぶ時は、公的保険の確認から始めましょう。ケガや病気の時には、健康保険や高額療養費制度（→P142）で医療費の自己負担額を減らすことができます。家族が死亡したり、障害状態になった時には、遺族年金や障害年金を受け取れます。また、会社勤めであれば、死亡退職金や弔慰金などの企業保障が受けられる場合もあるでしょう。

公的保険や企業保障でどのくらいの保障が得られるかを確認し、足りない分を民間の保険で補うようにしましょう。また、十分な貯金がある人は、それをもしもの時に使ってもOKです。

保険のことをもっと知ろう！

保険の特徴と種類を知り、自分に必要なものを探しましょう。

すぐ保障がつくのが保険のメリット

保険に入って保障が開始されると、いざという時に必要な保障額をすぐ受け取れます。貯金がなくてもすぐに病気などに備えられるのが、保険の利点です。

 貯金開始後すぐに病気やケガをしたら、医療費が払えないことも…

 いつ病気やケガをしても、一定の保障額を受け取れる

保険の種類と内容

保険は保障内容に応じて3つの分野に分かれます。

保険	保障内容
残された家族を守る **生命保険**	被保険者の死後に、死亡保険金を受け取れる保険。残された遺族の生活費や子どもの教育費などを補います。 例 定期保険、終身保険、収入保障保険、学資保険 など
病気やケガに備える **医療保険**	病気やケガで入院・手術などをした時の医療費を保障。治療による欠勤などで生じた収入ダウンを補うことも。 例 医療保険、がん保険、先進医療や女性疾病などの医療特約 など
ものや人を 傷つけた時に **損害保険**	交通事故の被害や、災害による住居の損失、盗難などを補償します。ものを壊してしまったり、人をケガさせてしまった時にも役立ちます。 例 火災保険、地震保険、個人賠償責任保険、自動車保険 など

こんな時にはこの保険

人生の万が一に備えるのが保険。どんな時にどの保険が役立つのかを知り、それらの保険の特徴と、選ぶ時のポイントをチェックしましょう。

病気やケガで入院することに…
医療保険

病気やケガなどに備える保険。割安な掛け捨てタイプで、必要な保障だけを確保するのがおすすめ。がんが心配なら特約をつけて。

最近は入院日数が減っているので、入院4〜5日目から保障されるものだと給付金が受け取れないことも。診断や通院、日帰りや短期の入院でも受け取れるか確認を。

子どもが小さいのに稼ぎ頭が死亡…
収入保障保険

被保険者が死亡した場合などに、一括もしくは月々に分割して給付金が受け取れます。掛け捨てで保険料が安めなのが特徴です。

死亡保障額が「毎月の生活費×0.7×12ヵ月×下の子どもが22〜23歳になるまでの年数（例：3歳なら19〜20年）」を満たすものに入りましょう。

子どもが隣の家のものを壊した…
個人賠償責任保険

人のものを壊したり、ケガをさせた時などの損害を補償します。加入済みの火災保険や自動車保険の特約として入るのがオトク。

加入者だけでなく家族も補償の対象に

多くの火災保険や自動車保険には、人やものに対して損害を与えてしまった時に補償する「個人賠償責任特約」がついています。保険料は年間数百円と格安！

老後資金や葬儀代、相続税の蓄えに
終身保険

一生涯の死亡保障がある生命保険。掛け金は高めですが、貯蓄性があるのが特徴。解約返戻金を老後資金として利用するのも◎。

解約返戻金は年々上昇し、支払った保険料総額を上回る場合もあります

教育費対策にピッタリ
学資保険

教育資金のための貯蓄型保険。保険会社によっては、満期金（返戻金）が払込保険料の120％以上になるものも。

学資保険は原則として、契約中に保険契約者の親が死亡した場合、それ以降の保険料の支払いが免除され、満期になると満期金が受け取れるという特徴があります。

ライフステージで必要な保険が変わる

`ぶれない力` `せいとんする力` `組み立てる力`

どんな場面でお金に困るかを考えて選ぶ

これまで見てきたように、保険には様々な種類がありますが、その中から自分に合うものを探すのは難しいもの。ここでは自分に合う保険の選び方を紹介します。まず、次の3つのポイントを確認しましょう。

① 結婚しているか
② 独立前の子どもがいるか
③ 共働きか

これらをもとに、自分に必要な保険が何かを次のページでチェックしましょう。

次に、公的保険でもらえるお金と、今の貯金額を調べ、事故や病気、死亡などに使えるお金がどのくらいあるかを確認します。その上で不足する分を補う保険・保障額を探せば、必要な保障のみをつけることができるでしょう。

ライフステージが変わったら保険を見直していく

結婚した、子どもが生まれた、家を買った…というように、ライフステージが変われば、もしもの時に必要な金額も変わります。ムダな保険料を払わないためにも、自分のライフステージが変わったら必ず保険を見直しましょう。また、保険は時代やニーズに合わせた新商品も出るので4、5年ごとに見直すのもおすすめ。

124

備えておきたい保険はどれ？

質問に答えて、自分にピッタリの保険を見つけましょう。

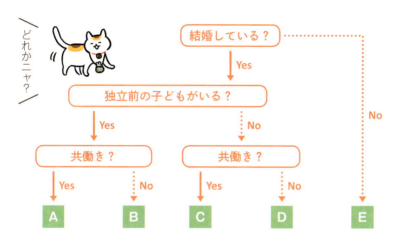

- **A**
  - ●生命保険　●医療保険　●老後のための保険　●学資保険
  - ≫≫ 夫・妻でそれぞれの収入に見合った死亡・医療保障をつける。

- **B**
  - ●生命保険　●医療保険　●老後のための保険　●学資保険
  - ≫≫ 残された家族が困らないよう、夫の死亡・医療保障は手厚く。

- **C**
  - ●生命保険　●医療保険　●老後のための保険
  - ≫≫ 夫婦それぞれが独立できるだけの収入があれば、医療保障重視で◎。

- **D**
  - ●生命保険　●医療保険　●老後のための保険
  - ≫≫ 残された家族が困らないよう、夫の死亡・医療保障は手厚く。

- **E**
  - ●医療保険
  - ≫≫ 結婚する予定がなければ、老後のための保険も備えておくと安心。

人生の設計図・ライフプランを立てよう

ぶれない力　せいとんする力　組み立てる力

時間を味方にして人生に必要なお金を貯める

子育てに3000万円、住宅購入に4000万円、老後資金に6000万円が必要などと聞くと、「何千万円も貯めるなんて無理！」と焦ってしまいます。

しかし1000万円という大金でも、30年で貯めようとすれば、月々の貯金額は約2万8000円。一気に準備するのは大変な金額でも、早くから貯めれば月々の負担を抑えつつ準備できます。

また、「老後資金は6000万円以上必要」などと言われますが、実際は年金などを活用しながら自分に必要な額を用意することになります。そして、老後と一口に言っても、どんな暮らしをしたいかで必要な金額は変わるもの。今の家計を把握していれば、自分たちの老後に必要なお金も想定できます。それをもとに将来設計をすれば、過不足のない貯め方ができるでしょう。

家族の未来をライフプランで見える化する

ライフプランとは、自分や家族の人生設計をすること。子どもの教育、マイホーム、将来の夢などを書き込むことで「いつまでに」「いくら必要か」が見えてきます。将来に必要なお金がわかれば、普段のお金の使い方も変わり、貯めるモチベーションもアップ。家族で話し合い、充実したライフプランを立てましょう。

ライフプランの上手な立て方

家族や周りの人たちの力を借り、「どんな暮らしを送りたいか」「何にお金をかけたいか」を明確にしていきましょう。

貯蓄に対する夫の意識もアップ！

夫と一緒につくって意識を高める

「計算が苦手で…」と言って夫にライフプランづくりを手伝ってもらうと、将来いくら必要かが夫婦で共有でき、貯め力も上がります。

先輩ママの話を聞いてイメージをふくらませる

子育ての先輩ママに、学校選びや習い事、塾のことなどを聞くのもおすすめ。体験談から、貯金に役立つヒントがもらえます。

FPなどの専門家にアドバイスをもらう

専門家と一緒にライフプランを立てるのも◎。各家庭に合った教育費や住居費などの貯め方について、アドバイスがもらえます。

ライフプランの書き方のポイント

ぶれない力　せいとんする力　組み立てる力

ライフプランに必要なもの

ライフプランを立てるのに必要なのは次の3つです。

① 年間の収入
② 年間の支出
③ ライフイベント

① 年間の収入は、給料やボーナスの手取りの合計。② 年間の支出は、生活費や特別支出などの合計です。③ ライフイベントは、今後10～30年の間に自分や家族に起こるイベントや叶えたい夢のこと。今わかっている範囲でいいので、家族全員の夢や目標を洗い出し、それぞれにかかる費用を書きましょう（費用がわからなければ、P136～を参考に）。

ライフイベントは思いつくものをどんどん書こう

はじめに子どもの進学など、必ず発生するイベントを書きます。次に、住宅購入や車の購入、旅行などの目標や希望を書きましょう。あまり考え込まず、まずはざっくりと書いていくのがおすすめ。細かな調節や変更は、一通り書いてからすればOKです。

夢や希望は、時間とともに変化していくもの。ライフプランはあくまで計画なので、状況に合わせて柔軟に見直せばいいのです。現時点での希望を洗い出し、実現に向けての貯金計画を立てましょう。

ライフプランの書き方

以下のステップを踏みながら考えるとスムーズです。次ページの記入例も参考にしつつ、付録の家計簿P14～15に書き込んでみましょう。

Step1　家族の名前と年齢を書く

子どもが生まれていない場合は、希望の年に「第1子誕生」などと記入し、子どもの年齢を書き込みます。

Step2　今後のライフイベントや夢を書く

子どもの進学などのライフイベントや、住宅購入などの夢を全て書きます。未確定のことも、希望をもとにひとまず書き込みましょう。

Step3　年ごとの収入・支出予定を書く

支出の欄に、各イベントや夢の必要額も合わせて書きましょう。

Step4　必要に応じて、時期や金額を調整する

ライフイベントの時期が重なると、貯金が大変に。イベントを次の3つに分け、②や③を調整し、無理のないプランにしましょう。

①時期や金額を動かせないもの（子どもの進学など）
②時期を動かせるもの
③金額を変えられるもの

背伸びしすぎないプランを立てるのも大切。家計の実力を知り、できないことはあきらめるのも賢い選択です。「家族の幸せ」を基準に、無理のないプランを練りましょう。

ライフプランシート記入例

20XX年	20XX年	20XX年	20XX年	20XX年	20XX年
40歳	41歳	42歳	43歳	44歳	45歳
37歳	38歳	39歳	40歳	41歳	42歳
6歳	7歳	8歳	9歳	10歳	11歳
歳	歳	歳	歳	歳	歳
りく 小学校入学（公立）	旅行		自動車購入		夫昇進
460	460	460	460	460	510
84	84	84	84	84	84
12	12	12	12	12	12
556	556	556	556	556	606
187	187	187	187	187	202
137	137	137	137	137	137
36	24	28	30	33	42
17	17	17	17	17	17
50	50	50	50	50	50
入学準備 15	旅行 10		自動車 230		
442	425	419	651	424	448
114	131	137	-95	132	158
504	635	772	677	809	967

（単位：万円）

かなこ一家のライフプランの記入例を参考に、付録の家計簿P14～15に書き込んでみましょう。

	西暦		20XX 年	20XX 年	20XX 年	20XX 年
家族・ライフイベント	名前	祐介	36 歳	37 歳	38 歳	39 歳
	名前	かなこ	33 歳	34 歳	35 歳	36 歳
	名前	りく	2 歳	3 歳	4 歳	5 歳
	名前		歳	歳	歳	歳
	イベント内容 (子どもの進学・自動車購入・住宅購入・旅行・夢など)			りく 幼稚園入園 (公立)		マイホーム 購入
収入	夫	手取り年収	410	410	410	410
	妻	手取り年収		84 (パート収入)	84	84
	特別収入 (児童手当・退職金など)		18	12	12	12
	❶収入合計		428	506	506	506
支出	生活費 (食費や日用品費など)		170	170	170	170
	住居費		96	96	96	137
	教育費			18	20	25
	保険料		22	22	22	17 (保険見直し)
	特別支出		30	30	30	50 (固定資産税 増えた)
	一時的な支出 (特別支出以外)					頭金 150 引っ越し 15
	❷支出合計		318	336	338	564
❸年間収支 (❶-❷)			110	170	168	-58
❹貯蓄残高 (前年❹+今年❸)			110	280	448	390

ゆる人生

人生に必要なお金 ①結婚・仕事など

ライフイベントごとの平均費用と、準備の仕方のポイントについて紹介。ライフプランシートに必要額を書き込む時の参考にしましょう。

結婚　352.7万円

挙式、披露宴・披露パーティーの合計。結婚式のスタイルは多様化しているので、予算を踏まえつつ自分たちらしい式を挙げましょう。

※「ゼクシィ 結婚トレンド調査2015」調べ

上記の金額に対し、ご祝儀（平均総額227.1万円）や親からの援助（平均額162.4万円）などをあてていくと、自己負担額の平均は142.7万円になります。

新生活の準備　76.5万円

新居の敷金や礼金、引っ越し代、家具や家電購入など、新生活は意外とお金がかかるもの。一気にそろえず、徐々に買い足すのも◎。

※「ゼクシィ 結婚トレンド調査2015」調べ

優先順位を立て、必要なものからそろえましょう

親戚や友人からベビー用品を譲ってもらうのも◎

出産 **48.6万円**
（子ども1人あたり）

妊婦健診費用助成制度や出産育児一時金（→P144）を利用すれば、出産前後の自己負担額は、ベビー用品を含み20万円程度。

※平成24年度 厚生労働省調べ

自己負担額の内訳は、マタニティーウェアや赤ちゃんの下着・おむつの購入費、産院までの通院にかかる交通費、お祝い返しなどです。

車の購入 **232万円**

車の購入には、車両価格以外に税金や保険などの費用がかかります。車両価格の2割程度が上乗せされると考えましょう。

※住宅金融支援機構「住宅取得に係る消費実態調査（2014年度）」より

購入後にかかる維持費（ガソリン代、駐車場代、車検代など）も考慮しましょう。

失業者は条件に応じて給付金がもらえます

失業・転職 **3ヵ月分の生活費**

自己都合退職の場合、退職から3ヵ月間は無収入になるので、転職までの生活を支える資金を準備しておきましょう。

人生に必要なお金 ②子どもの教育

どんな進路に進むかで、かかる費用が大きく変わります。貯金や学資保険（→P123）、児童手当（→P145）などを活用してしっかり準備しましょう。

幼稚園～高校までの教育費用

公立か私立かで費用が異なります。入学時や受験時に費用が上がる傾向も。

		公立	私立
幼稚園	3歳	約18万円	約41万円
	4歳	約20万円	約48万円
	5歳	約25万円	約52万円
小学校	1年生	約36万円	約186万円
	2年生	約24万円	約131万円
	3年生	約28万円	約135万円
	4年生	約30万円	約147万円
	5年生	約33万円	約156万円
	6年生	約42万円	約167万円
中学校	1年生	約46万円	約162万円
	2年生	約41万円	約115万円
	3年生	約58万円	約124万円
高等学校	1年生	約49万円	約118万円
	2年生	約39万円	約94万円
	3年生	約35万円	約86万円
合計		オール公立 約524万円	オール私立 約1762万円

保育園 72～216万円（3年間）
認可保育園の保育料は、親の収入によって異なり、月額2～6万円程度です。収入によっては0円の場合も。

※学校教育費、学校給食費、学校外活動費の合計額。文部科学省「平成26年度 子供の学習費調査」を参考に作成

大学の教育費用

大学の場合は、国公立か私立かの違いに加え、文系か理系かでも大きく違います。子どもが下宿する場合は、その生活費も必要に。

		初年度 （入学料含む）	2回生以降 （施設設備費含む）	合計
国立大		約82万円	約54万円×3年	約244万円
公立大		約94万円	約54万円×3年	約256万円
私立大	文系	約115万円	約94万円×3年	約397万円
	理系	約150万円	約124万円×3年	約522万円
	医歯系	約461万円	約357万円×5年	約2246万円

※国立大学費用は、文部科学省による標準額。公立大学費用は、文部科学省「平成27年度 学生納付金調査」の公立大昼間部の平均額。私立大学費用は「平成26年度 私立大学入学者に係る初年度学生納付金返額調査」などを参考に作成

大学留学

117〜600万円
（1年間）

授業料、教材費、滞在費（食費・住居費など）の合計。国や都市、大学によって費用は異なります。

志望校がハッキリしている場合は、直接その学校のホームページで学費などを確認しましょう。エージェントを通す場合は、サポート費用などが別途かかります。

※ JASSO 海外留学支援サイト「海外留学情報」、留学ジャーナルを参考に作成

人生に必要なお金 ③住宅購入

人生の中でも最大の買い物と言える住宅。ローンで購入する場合は、定年前に完済するプランを立てましょう。

家計を圧迫しないように月々のローンが

新築
一戸建て ：3743万円
マンション：3968万円

土地付注文住宅と新築マンションの全国平均値。地域差が大きく、最高値の東京都は一戸建て5403万円、マンション4875万円。

住宅ローンを組むなら、物件価格の3割程度を準備しましょう。2割は頭金、1割は不動産取得税などの諸経費に使い、残りのお金をローンで毎月返済します。

中古 築18〜19年の場合
一戸建て ：2238万円
マンション：2580万円

新築より安く購入できますが、クリーニング代や修繕費などが必要に。物件によっては、ローンの返済期間に制限がつく場合も。

設備や耐震性もチェックして

※新築は「2014年度 フラット35利用者調査」、中古は「平成27年度 住宅経済関連データ」を参考に、1000円以下を四捨五入して作成

老後に売却するなら駅近物件
古い物件でも駅から徒歩10分以内なら、売却や賃貸でお金に換わる可能性あり。住んでいる自宅を担保に、老後資金が借りられる「リバースモーゲージ」にも有利。

無理なく買える物件の目安は？

物件ありきでローンを組むのではなく、自分たちが準備できる金額をもとに物件を探すのが大切です。

Step1 用意できる頭金を計算する

いざという時のお金や教育費などは確保した上で、頭金を用意しましょう。

Step2 無理のない借入額を計算する

月々の返済額の目安は、月収の25％程度。返済期間や金利も踏まえ、いくらまでなら借りられそうかを考えてみましょう。

月の返済額		6万円		8万円		10万円		12万円	
返済期間		25年	35年	25年	35年	25年	35年	25年	35年
金利	1.0%	1592	2125	2122	2834	2653	3542	3184	4251
	1.5%	1500	1959	2000	2612	2500	3266	3000	3919

※借入額は概算（単位：万円）

Step3 買える物件の目安を計算する

※借入額は住宅保証機構株式会社「住宅ローンシミュレーション」を利用し、「元利均等返済で、年収を月収の15倍、ボーナス返済額を0円」として試算した

人生に必要なお金 ④入院や老後など

病気や親の介護、老後などにかかる費用も準備しておきましょう。

差額ベッド代や食事代は保険対象外だよ

入院 22.7万円

治療内容によって変わりますが、ケガや病気で入院した際の自己負担額の平均は22.7万円、1日あたりの平均は2.1万円です。

※生命保険文化センター「平成25年度 生活保障に関する調査」より

健康保険が使える（3割負担）
- 通常の治療代（診察・検査・手術など）
- 入院の部屋代　など

※1ヵ月の医療費が高額になった場合、高額療養費制度が使えます

健康保険が使えない（全額負担）
- 通院の交通費
- 差額ベッド代
- 入院中の食事代（1食260円程度）
- 入院中の雑費
- 先進医療の技術料
- 美容整形などの自由診療　など

Point! 高額療養費制度

同一月（1日から月末まで）にかかった医療費が高額になった場合、自己負担限度額を超えた分が払い戻される制度です。自己負担限度額は、年齢と収入によって異なります。

70歳未満、標準報酬月額28〜50万円の人の自己負担限度額は
8万100円＋（総医療費－26万7000円）×1％

例 総医療費が23万円の場合、自己負担限度額は
8万100円＋（23万円－26万7000円）×1％＝7万9730円

介護期間の平均は4年11カ月

親の介護 毎月7.9万円

月々の費用とは別に、住宅改修や介護ベッドのリース料などが必要になることも。それらの費用の合計は平均80万円です。

※生命保険文化センター「平成27年度 生命保険に関する全国実態調査」より

親の介護費用は大きな出費になる可能性が高く、自分たちの老後資金に影響することも。親の介護費用は親自身の年金や貯蓄から出せるよう、事前に話し合いましょう。

老後の生活

毎月22〜35万円
（夫婦2人暮らしの場合）

最低限必要な金額が22万円、ゆとりある老後なら35万円が必要に。年金で不足しそうな金額を計算し、貯金しましょう。

※生命保険文化センター「平成25年度 生活保障に関する調査」より

旅行などを楽しみたいなら、資金は多めに

将来、自分が受け取れる年金額は、毎年誕生月に日本年金機構から送られてくる「ねんきん定期便」で確認できます。

助けてくれるお金

出産や子育て、ケガや病気など、人生の様々なシーンで公的保障が受けられます。申請期間が決まっているものもあるので、手続きを忘れずに。

助成金については住んでいる地域の自治体に問い合わせを

妊娠・出産でもらえるお金

出産費用は、国や自治体からの助成金でほぼまかなえます。自治体によっては「出産お祝い金」などが出るところも。

妊娠中にもらえるお金

●妊婦健診費用助成制度

出産まで平均15回ほど受ける妊婦健診が、市区町村助成で数回〜14回まで無料に(上限あり)。母子手帳と一緒に無料受診票を受け取ることが多いです。

出産時にもらえるお金

●出産育児一時金

分娩・入院費として、子ども1人につき42万円(多胎の場合は人数分)が健康保険から支給されます。手続きは加入先の健康保険や自治体へ。

●出産手当金(働く女性が対象)

出産で会社を休んだために給料が支払われない場合、健康保険から支給されます。手続きは勤務先へ(国民健康保険の人は対象外)。

[支給額]
標準報酬日額×2/3×産休日数
[対象期間]
出産予定日までの6週間+出産後の8週間までの間に取った産休

子育て中にもらえるお金

育児休業は、勤続年数が1年以上であれば男女ともに取得できます。子育てを支援する様々なサポートを知り、活用しましょう。

●育児休業給付金（働く人が対象）

育児休業を取る場合、雇用保険から支給されます。手続きは勤務先へ。

[支給額]
休業開始時賃金日額×支給日数×67％
（育休開始日から181日目以降は50％）

産休・育休中（子どもが3歳になるまで）は、健康保険・厚生年金の保険料が免除されます

●児童手当

中学生までの子どもを養育している人に支給されます（所得制限あり）。子どもの誕生から15日以内に、市区町村役場で申請を。

[支給額（月額）]
- 0～3歳未満　一律1万5000円
- 3歳～小学生
  ・第1子、第2子：1万円
  ・第3子以降：1万5000円
- 中学生　一律1万円
- 所得制限以上　一律5000円

病気やケガでもらえるお金

会社員が病気やケガで仕事ができない場合、健康保険から手当金が受け取れます。

●傷病手当金

病気やケガで連続して3日以上仕事を休んだ場合、4日目以降から手当金が出ます。

[支給額（日額）]
標準報酬日額×2/3
[支給期間]
最長1年6ヵ月間

人生の貯めどきを活用する

せいとんする力　工夫する力　つづける力

人生の貯めどきを活用して賢く貯金しよう!

人生には3回の貯めどきがあります。

① 独身〜夫婦のみの生活
② 子どもの幼少期
③ 子どもの独立後〜定年まで

①の時期は子どもの養育費などがかからず、夫婦がフルタイムで働ける、人生最大の貯めどきです。共働きなら、夫の収入だけで生活費をやりくりし、妻の収入は全て貯金にまわすのもいいでしょう。

②は子どもが幼稚園や保育園に上がる前や小学校低学年の時期。授業料や習い事などで出費が増える前に、将来の教育資金を準備しましょう。中学・高校・大学と、必要になる教育費は徐々に増えていくので、貯めどきを逃さずコツコツ貯めるのが大事です。また、子どもは成長とともに、食費や被服費なども大人並みになっていくので、幼少期の服はお下がりやリサイクルなどで節約すると◎。

③の時期になると教育費がなくなるので、老後資金などを貯めましょう。住居を夫婦2人暮らしサイズの部屋に引っ越すなど、生活をスリム化して、支出を抑えるのも効果的です。定年時の貯蓄残高予定を早めに確認し、老後資金が不足しそうなら貯蓄プランを見直しましょう。

これらの時期を活用し、しっかりお金を貯めましょう。

貯蓄プランの立て方

自分たちが立てたライフプランシートを見ながら、一時的な支出（イベント費）を書き出し、貯蓄プランを立てましょう。

イベント	❶必要額	❷準備期間（あと〜年）	❸準備できている金額	❹必要貯蓄額（❶−❸）	❺年間貯蓄額（❹÷❷）
出産	20万	2年	0	20万	10万
住宅頭金	337万	3年	100万	237万	79万
車購入	230万	7年	0	230万	33万
				❻年間貯蓄額の合計	

(❻年間貯蓄額の合計　円 − ボーナスから　円) ÷ 12ヵ月 = 毎月の貯蓄額　円

※あてられる額があれば記入

30代以降の人は定年時までのイベントを全て書き出し、計算しておくと適切な貯蓄プランが立てられます。

貯蓄プランの見直しポイント

毎月の貯蓄額がわかったら、ライフプランシートを見ながら無理なく貯められるかを確認します。難しい時期の分は貯めどきに上乗せするなど工夫を。

マイナス収支が続いていないか？
マイナス収支が数年続くのはNG。イベント費を見直したり、収入が上がる工夫をするなど、対応策を考えましょう。

定年時の貯蓄残高が十分にあるか？
定年時の貯蓄残高が、老後に必要な分だけあるかを確認。足りなければ、プランの見直しが必要です。

目的別・賢い貯め方

住宅資金や教育資金、老後資金はどれも1000万円クラスの貯金を目指すもの。貯め方を工夫し、しっかり準備しましょう。

住宅資金
メリットたっぷりの財形住宅貯蓄で貯める

財形住宅貯蓄（→P93）を利用すれば節税に。残高の10倍（最高4000万円）までの融資も受けられます。

メリット1 財形住宅貯蓄と財形年金貯蓄の元利合計550万円まで、利子などが非課税になる

メリット2 財形貯蓄を1年以上していて、残高が50万円以上あれば、財形住宅融資を利用できる

教育資金
児童手当を貯金して中学卒業までに200万円

児童手当を使わず、子どもが15歳になるまで貯めれば約200万円に！うっかり使ってしまわないよう、専用口座をつくると◎。

もしもの保障も兼ねて学資保険（→P123）を併用すると◎

学資保険の満期は、大学受験で物入りになる11〜12月頃にするのがおすすめ。その頃に満期がくるよう、10〜11月頃に加入するのがベストです。

老後資金

10%増し貯金をスタート

住宅ローンや教育費より貯蓄期間が長い老後資金は、少額でもコツコツ貯めていくことが大切。現在の貯金の10%増し貯金で準備を。

月3000円でも10年貯めれば36万円に！

月に3万円貯めているなら、10%にあたる3000円を老後用に貯金しましょう。

Point! やってはいけない貯めNG

経済の変化とともに賢い貯め方も変わります。損しないよう、以下のような貯め方をしていたら改めましょう。

❌ 定期預金より貯蓄型の保険で貯める

貯蓄型の保険には、インフレなどの影響でお金の価値が下がるリスクがあります。定期預金は金利の見直しがあるので、貯蓄には有利。

❌ 頭金が物件の3割以上貯まってから家を買う

ローン開始が遅いと、定年以降もローンが残ることになりかねません。コンスタントに返済する力があるなら早めに買う方がおすすめ。

❌ ローンの繰り上げ返済は100万円貯まってから

手数料を気にして、貯めてから繰り上げるのはNG。ネット経由なら手数料も格安なので、数万円でも早めに返済した方がオトク。

ネットだと繰り上げ手数料0円

復職で収入アップを目指そう!

ぶれない力　工夫する力　つづける力

収入を増やす方法として復職を考えてみましょう

理想とする暮らしを実現するには、収入アップも重要。ここでは、専業主婦が仕事をすることで収入を上げるという手段について考えてみましょう。

出産を機に退職した人の場合、子育てにめどがついたらできるだけ早く、可能なら40歳くらいまでに復職をするのがおすすめ。とはいえ、再就職は簡単なことではありません。転職しやすいのは専門職なので、復職の時期までに、資格取得に向けて勉強するのもいいでしょう。妻も仕事を持っていれば、夫の収入が下がってもあわてずに済み、貯金額も増やせます。

パート・アルバイトでも「この先」がある仕事を

子育て中は、働ける時間に制限があるので、パート・アルバイトから再就職を検討することも多いでしょう。無理のない仕事から始めるのもいいですが、自分と家族の10年後、20年後を考えて仕事を決めるのも大切です。

最近は、パート・アルバイトから店長になったり、正社員にもなりやすい職場が増えています。子どもが育てば、フルタイムで働くのも可能になります。今後の収入やキャリアアップが見込める職場かどうかを調べてから応募しましょう。

また、仮に収入が低くても、65〜70歳まで働ける仕事を選ぶのも1つの手です。

復職を成功させるには

労働市場は人手不足で主婦向けの求人も増えており、復職に挑戦するチャンス。以下のポイントを押さえ、長続きする仕事を探しましょう。

家族みんなの協力を得る

夫だけでなく、家族全員に働きに出ることを宣言し、協力を得ましょう。家事の分担をどうするかなど、話し合うことが大切です。

譲れない条件を決めて仕事を探す

勤務時間や勤務地などで無理をすると、家庭との両立が大変に。「17時までには帰宅したい」など、譲れない条件を明確にしましょう。

前の職場の人、ママ友に求職アピールをする

「友人の友人」などの人脈で仕事が決まる場合もあります。前の職場の上司や同僚、ママ友などに求職アピールをしておきましょう。

2016年10月から、年収106万円以上で一定の条件を満たせば、パートでも社会保険に加入することに。年金額の増減や夫の扶養から外れることなどに注意を。

家族で楽しくやりくり

お金をかけなくても、家族が楽しめる方法はたくさんあります。また、家族にお金の情報をオープンにすると、家族でやりくりする力がつきます。

ゲーム感覚ですれば、子どもも自然にお金に興味を持ちます

普段からお金の話をする

夫婦でやりくりや貯金について相談したり、子どもとスーパーで予算内で買い物をするなどして、お金への関心を高めましょう。

マネー会議を開いて
お金感覚を磨く

月に一度、家族でお金の使い方について話し合うと、やりくりへの一体感がアップ。子どもへのお金教育にもなります。

1ヵ月の支出を見て「これは浪費だったね」と振り返ったり、大きな家電や家具などを購入する前に「本当に必要か」「どんなものがいいか」を話し合ったりしましょう。

家族で目標や夢を話して やる気アップ！

ライフプランを立てた後も、将来について定期的に家族で話しましょう。貯金へのモチベーションをキープできます。

オシャレなカフェで話し合うと会話も弾みます

夢や生き方が明確だと 情報が集まりやすい

「家は、今住んでいる場所で探す」「いずれは故郷に帰る」など、自分たちの望む人生が決まると、必要な情報も集めやすくなります。

目標があるとハッキリし、貯蓄の方法もやりくりがラクに

家族のしたいことを 大事にする

日常生活のちょっとした贅沢や、年に数回の旅行など、家族で楽しむことにお金を使うと、貯金へのやる気もアップ！

使うことと貯めることのバランスを大切に

本を読んだら、付録のゆる家計簿を使って家計管理と貯金にチャレンジ！ 1日でも早く始めれば、やりくり＆貯め力がアップします。

Step1　本から「ゆる家計簿」を取り外す

のりづけされている部分をはがせば、簡単に取り外しできます。

Step2　指定のワークを実践する

参照ページを見ながら、1週間家計簿などのワークに挑戦！
お金の使い方や貯金の方法を見直していきましょう。

本も参考にするニャ

Step3　家計簿を続け、貯め力アップ！

P12～13をコピーし、家計簿を続けましょう。支出が安定すると、将来のための貯金もできるようになります。

[監修] 家計再生コンサルタント・FP　横山光昭（よこやま みつあき）

株式会社マイエフピー代表取締役社長。全国の読者や依頼者から共感や応援の声が集まる、庶民派ファイナンシャルプランナー。個別の家計相談・指導では独自の貯金プログラムを生かし、リバウンドのない再生と飛躍を実現。これまで1万人以上の赤字家計を再生した。『年収200万円からの貯金生活宣言』（ディスカヴァー・トゥエンティワン）や『貯められる人は、超シンプル』（大和書房）など著書も多数。TVなどへの出演も多数で、雑誌、新聞、ラジオでも活動している。
株式会社マイエフピー　http://www.myfp.jp/

[参考文献]
年収200万円からの貯金生活宣言（ディスカヴァー・トゥエンティワン）／「お金が貯まらない！」が治る本（PHP文庫）／お金が貯まる財布のひみつ（新潮社）／心も生活も整理されて輝く！ 貯金・節約のすすめ（ぱる出版）　など

※本書の内容は、2016年7月現在のものです。変更の可能性がありますので、最新情報については関連機関で確認してください

コミック・イラスト	ミューズワーク
装丁デザイン	宮下ヨシヲ（サイフォン グラフィカ）
本文デザイン	渡辺靖子（リベラル社）
編集	鈴木ひろみ・渡辺靖子（リベラル社）
編集人	伊藤光恵（リベラル社）
営業	三宅純平（リベラル社）
編集部	廣江和也・山浦恵子
営業部	津田滋春・廣田修・青木ちはる・中村圭佑・三田智朗・栗田宏輔・野沢都子

1年で100万円貯められる　ゆる貯め家計

2016年9月28日　初版

編　集	リベラル社	
発行者	隅田　直樹	
発行所	株式会社 リベラル社	
	〒460-0008　名古屋市中区栄 3-7-9　新鏡栄ビル8F	
	TEL 052-261-9101　FAX 052-261-9134　http://liberalsya.com	
発　売	株式会社 星雲社	
	〒112-0005　東京都文京区水道 1-3-30	
	TEL 03-3868-3275	
印刷・製本	株式会社 チューエツ	

©Liberalsya. 2016 Printed in Japan　ISBN978-4-434-22387-7
落丁・乱丁本は送料弊社負担にてお取り替え致します。

リベラル社のコミック実用書シリーズ

コミック＋解説ページで楽しく読める！「面白くてわかりやすい」「すぐに使えて便利」と好評の、新スタイルの実用書です。

片づけたら1年で100万円貯まった！

「片づけ上手」は「貯め上手」。楽しいコミックとイラストで、部屋をキレイにしながらお金が貯まる、オトクな片づけ術を紹介!!

- 片づけるとお金が貯まる理由
- 部屋別・お金が貯まる片づけ術
  （リビング・キッチン・押し入れ・クローゼット・玄関・洗面所など）
- スッキリ便利な収納法　など

お掃除したら、いいことあった！
汚い部屋ほど運がよくなる開運掃除術

玄関・リビング・台所・トイレなど、簡単にできて、仕事運や恋愛運、金運が上がる掃除術を紹介。

旬をおいしく食べて健康に！
野菜ごはん

野菜の栄養を逃さない調理法や保存法などを紹介。作りおきや時短など、毎日の食事に使えるレシピが満載！

全て 定価 1,100 円＋税

1年でいくら貯まる？ 貯金早見表

毎月の貯金とボーナスからの貯金で、1年でどのくらい貯まるかをチェック！
貯金計画の参考にしましょう。

		ボーナスからの貯金額（1年の合計）					
		0円	10万円	20万円	30万円	40万円	50万円
毎月の貯金額	0円	0円	10万円	20万円	30万円	40万円	50万円
	1万円	12万円	22万円	32万円	42万円	52万円	62万円
	2万円	24万円	34万円	44万円	54万円	64万円	74万円
	3万円	36万円	46万円	56万円	66万円	76万円	86万円
	4万円	48万円	58万円	68万円	78万円	88万円	98万円
	5万円	60万円	70万円	80万円	90万円	100万円	110万円
	6万円	72万円	82万円	92万円	102万円	112万円	122万円
	7万円	84万円	94万円	104万円	114万円	124万円	134万円
	8万円	96万円	106万円	116万円	126万円	136万円	146万円
	9万円	108万円	118万円	128万円	138万円	148万円	158万円
	10万円	120万円	130万円	140万円	150万円	160万円	170万円

いっぱい貯めるのニャ〜

感想＆今後の目標を書こう

ゆる家計簿をやってみて、感想と今後の目標を書いてみましょう。

やってみた感想

今後の目標

これからもみんなで ゆる貯めしよう！

P134〜の記入例を参考にして書くニャ

年	年	年	年	年	年
歳	歳	歳	歳	歳	歳
歳	歳	歳	歳	歳	歳
歳	歳	歳	歳	歳	歳
歳	歳	歳	歳	歳	歳

Step5 プランを立てる
ライフプランを立ててみよう

▶本文 P130〜

家族の将来について考え、いつ頃にいくら必要かを知りましょう。

	西暦	年	年	年	年
家族・ライフイベント	名前	歳	歳	歳	歳
	名前	歳	歳	歳	歳
	名前	歳	歳	歳	歳
	名前	歳	歳	歳	歳
	イベント内容 (子どもの進学・自動車購入・住宅購入・旅行・夢など)				
収入	夫 手取り年収				
	妻 手取り年収				
	特別収入 (児童手当・退職金など)				
	❶収入合計				
支出	生活費(食費や日用品費など)				
	住居費				
	教育費				
	保険料				
	特別支出				
	一時的な支出(特別支出以外)				
	❷支出合計				
❸年間収支(❶-❷)					
❹貯蓄残高(前年❹+今年❸)					

今月の目標・したいこと

予算　　　　　円　　予算　　　　　円

気づいたこと

改善したいこと

５つの欄の合計

合計　　　　　円

＋

固定費（家計簿に書いてない支出）

合計　　　　　円

今月の支出は…

合計　　　　　円

合計　　　　　円　　合計　　　　　円

_____年 ____月　　　　　　　　　※コピーしてお使いください

予算　　　　　円	予算　　　　　円	予算　　　　　円
合計　　　　　円	合計　　　　　円	合計　　　　　円

店別でつける

よく買い物に行くお店が4店舗以内なら、このスタイルが便利。5つの欄を「よく行く店舗（4つまで）」と「その他」に分けて記入しましょう。

	Aスーパー	Bストア	C酒店
予算	25000円	3000円	3000円
	4/1 5000円 お米が安かった 4/5 3000円 少し買いすぎた	4/3 600円 部屋の模様替えがしたいな	4/8 1500円 子どもが元気ない？ どうしたのかな

❶店名を書く
❷店ごとの予算を書く
❸買い物日と金額・一言メモを書く

費目別でつける

P8でやったように、費目別に予算を立ててやりくりする定番スタイル。食費や日用品費など、よく使う4費目を選び、残りは「その他」で記入します。

	食費	日用品費	交際費
予算	25000円	3000円	10000円
	4/1 Aスーパー 5000円 お米が安かった 4/5 Aスーパー 3000円 少し買いすぎた	4/3 Bストア 600円 部屋の模様替えがしたいな	4/16 ママ友ランチ 1200円 おいしかった！ 4/20 友達とお茶 1000円 リフレッシュできた

❶費目を書く
❷費目ごとの予算を書く
❸買い物日と店名やカテゴリー・金額・一言メモを書く

Step5 プランを立てる

本格的な家計簿にチャレンジ！

1ヵ月の予算を立てたら、ワンステップ進んだ家計簿に挑戦しましょう。週別・店別・費目別など、自分に合う分け方で家計管理に取り組んで。

週別でつける

P4～と同じように、週ごとに家計簿をつけていくスタイル。「1週間1万円」など、週ごとに予算を立ててやりくりしたい人はこの方法がおすすめです。

週分け管理のやり方はP74～を参考に！

❶ 週と日付を書く
❷ 週ごとの予算を書く
❸ 買い物日と店名やカテゴリー・金額・一言メモを書く

1週目（4/1～4/7）	2週目（4/8～4/14）	3週目（4/15～4/21）
予算 10000 円	予算 10000 円	予算 10000 円
4/1 Aスーパー 5000円 お米が安かった	4/8 C酒店 1500円 子どもが元気ない？どうしたのかな	4/15 Aスーパー 4000円 ムダ買い減らせた！
4/3 Bストア 600円 部屋の模様替えがしたいな	4/10 Aスーパー 5000円 後半引き締めよう	4/16 ママ友ランチ 1200円 おいしかった！
4/5 Aスーパー 3000円 少し買いすぎた	4/11 D書店 800円 読みたい本があって嬉しい	4/18 E店 3000円 ストレスで衝動買い…

予算を意識するとやりくり力がアップ！

Step5 プランを立てる

1年の特別支出予定を出そう

▶本文 P109～

季節の行事などの特別支出の予定を出し、いくら必要かを書きましょう。

1月	2月	3月	4月
お年玉　　　円 新年会　　　円	バレンタイン　　円	ひな祭り　　円 送別会　　　円	入学・進学　　円 歓迎会　　　円
5月	**6月**	**7月**	**8月**
母の日　　　円 GWレジャー　円	父の日　　　円	お中元　　　円 夏休みレジャー　円	お盆・帰省　　円 夏休みレジャー　円
9月	**10月**	**11月**	**12月**
敬老の日　　円 秋のレジャー　円	ハロウィーン　円	七五三　　　円 お歳暮　　　円	クリスマス　　円 帰省　　　　円

1年間の特別支出の合計は…

合計　　　　円

合計額を12で割って毎月積み立てるなど準備しておくと安心！

Step4 貯金にチャレンジ

予算を立てて貯金しよう

▶本文 P72～

1ヵ月の予算を立て、毎月どのくらい貯金できるかを計算してみましょう。

1　1ヵ月の予算を立てる

収入（手取り）Ⓐ　　　　　円

固定費

住居費	円	水道光熱費	円
通信費	円	習い事代	円
保険料	円	自動車関連費	円
こづかい	円		
	円	合計 Ⓑ	円

変動費

食費	円	日用品費	円
医療費	円	教育費	円
交通費	円	被服費	円
交際費	円	娯楽費	円
嗜好品代（おやつなど）	円		円
	円		
予備費	円	合計 Ⓒ	円

※予備費（生活費が不足した時に使う余裕資金）は、2～3万円ほどとると安心です

2　貯金できる額を計算する

Ⓐ収入（手取り）
－Ⓑ固定費－Ⓒ変動費
＝ Ⓓ毎月貯められる額　　円

毎月貯めていくと…

Ⓓ毎月貯められる額　　円
×12ヵ月
＝ Ⓔ1年で貯められる額　　円

1年でこれだけ貯められるニャ

Step3　家計簿の振り返り

ムダ支出をカット！

▶本文 P65〜

1ヵ月のお金の流れが見えてきたら、ムダな出費をなくす工夫をしましょう。できそうなことを書き出し、無理なくできることからチャレンジを。

① 固定費を見直そう

固定費は一度カットすると、その後ずっと節約効果が続きます。

住居費	
通信費	
水道光熱費	
習い事代	

例）スマホ・ネット回線の契約プランを見直す、安い電力会社を検討する など

② 変動費を見直そう

我慢しすぎてストレスにならないよう、気をつけましょう。

食費	
日用品費	
被服費	
交際費	

例）外食は週2回までにする、日用品の特売に飛びつかない など

Step3 家計簿の振り返り

1ヵ月の家計を振り返ろう

▶本文 P53〜

つけた家計簿から、自分が何にどのくらいお金を使っているかを見てみましょう。

1 買い物グセをチェック

よく行くお店や買い物が増えるきっかけなど、気づいたことを書きましょう。

> 例）コンビニに行く回数が多い、ストレスたまると散財しがち など

2 支出を消費・浪費・投資に分ける

「消費＝黄」「浪費＝赤」「投資＝青」で家計簿に線を引き、それぞれどのくらいの割合かを調べてみましょう。

- **消費** 生活に必要な支出（食費や住居費、水道光熱費、教育費、交通費など）
- **浪費** 生活に必要でない支出（お酒やタバコなどの嗜好品、度を超えた買い物など）
- **投資** 将来、自分や家族に役立つ支出（習い事、貯蓄、投資信託など）

理想のバランス

- 消費 70%
- 浪費 5%
- 投資 25%（うち13〜15%は貯蓄に）

このバランスに近づけよう！

記入例

1週目（4/1〜4/7）	2週目（4/8〜4/14）
4/1 スーパー 3000円 4/3 コスメ 2000円	4/9 ランチ 900円 お値打ちでおいしかった

一言メモを書いておくと
振り返りやすいよ

4週目（ / 〜 / ）	5週目（ / 〜 / ）
合計　　　　　円	合計　　　　　円

気づいたこと

改善したいこと

1〜5週目の合計

合計　　　　　円

＋

固定費（家計簿に書いてない支出）

合計　　　　　円

今月の支出は…

合計　　　　　円

Step2 ゆる家計簿にチャレンジ

1ヵ月の家計簿をつけてみよう

次は1ヵ月、家計簿をつけるのにチャレンジしてみましょう！

1週目（ / ～ / ）	2週目（ / ～ / ）	3週目（ / ～ / ）
合計　　　　　円	合計　　　　　円	合計　　　　　円

日付、店名やカテゴリー、金額、一言メモを書いていこう

Step2 ゆる家計簿にチャレンジ

1週間、家計簿をつけてみよう

▶ 本文 P48～

まずは1週間、レシートをためて家計簿をつけてみましょう。

気づいたこと・改善したいこと

例) 毎日コンビニに行っている、ストレスによる衝動買いを減らしたい など

Step1 お金の使い方を見直す

お金の使い方を意識しよう ▶本文 P28〜、P34〜

予算を決めてお金を有意義に使ったり、買い物ルールをつくることで、普段のお金の使い方を見直してみましょう。

① 1000円の有意義な使い方を書く

思いつくものを全て書き、一番いいものに○をつけましょう。

② 1000円で買い物をしてみる

①の買い物を実際にしてみて、感じたことや気づいたことを書きましょう。

③ 買い物のMYルールをつくる

ムダ買いや衝動買いなどをなくす、買い物ルールを考えてみましょう。

Step1 お金の使い方を見直す

今の気持ちを書いてみよう

お金について、自分が思っていることやしたいことを書いてみましょう。

お金に関する悩み 例）やりくりが苦手、ムダづかいが多い、貯金ができない など

目標・達成したいこと 例）家計簿がつけられるようになる、1年で100万円貯める など

お金が貯まったらしたいこと 例）10万円貯めて家族旅行、100万円を教育費に など

もくじ

Step1 お金の使い方を見直す
　今の気持ちを書いてみよう…………1
　お金の使い方を意識しよう…………2

Step2 ゆる家計簿にチャレンジ
　1週間、家計簿をつけてみよう…………3
　1ヵ月の家計簿をつけてみよう…………4

Step3 家計簿の振り返り
　1ヵ月の家計を振り返ろう…………6
　ムダ支出をカット！…………7

Step4 貯金にチャレンジ
　予算を立てて貯金しよう…………8

Step5 プランを立てる
　1年の特別支出予定を出そう…………9
　本格的な家計簿にチャレンジ！…………10
　ライフプランを立ててみよう…………14

感想＆今後の目標を書こう…………16

Let's ゆる貯め！

ゆる家計簿